Franz Otto Spamer

Menschenfreund auf dem Throne

Franz Otto Spamer

Menschenfreund auf dem Throne

ISBN/EAN: 9783337258115

Printed in Europe, USA, Canada, Australia, Japan

Cover: Foto ©Thomas Meinert / pixelio.de

More available books at **www.hansebooks.com**

Otto Spamer's

Illustrirte Jugend- und Hausbibliothek, X. Serie.

Pantheon.

Große Menschen und denkwürdige Ereignisse

aus der Geschichte

aller Zeiten und Völker.

Der Menschenfreund auf dem Throne.

Dem Volke und der Jugend erzählt

von

Franz Otto.

Mit zahlreichen in den Text gedruckten Abbildungen.

Leipzig.

Verlag von Otto Spamer.

1873.

Kaiser Josef II.

Pantheon: Josef II.   Leipzig: Verlag von Otto Spamer.

Der

Menschenfreund auf dem Throne.

Leben und Wirken

des edlen Kaisers Josef des Zweiten.

Unter Benutzung einer Lebensskizze

von Dr. W. Baeßner dem Volke und der Jugend erzählt

von

Franz Otto.

Mit 30 Text-Illustrationen, zwei Tonbildern und einem Titelbilde.

Leipzig.

Verlag von Otto Spamer.

1873.

Druck von Graichen & Riebl in Leipzig.

Inhaltsverzeichniß.

⸺⸺⸺

Einleitung.

Oft hat man sagen hören, daß es kaum weniger schlimm sei, Etwas zu frühe, als zu spät zu thun, und daß nicht Alles für Alle passe. Vornehmlich in diesem Sinne ist die Geschichte des edlen Kaisers Josef II. eine überaus lehrreiche.

In der That eignet sich so Manches, das etwa für unsere Nachbarn jenseit der Vogesen sich ganz wohl schicken mag, insofern es diesen angenehm dünkt und zum Nutzen gereicht, in keiner Weise für die Bewohner der Alpenlande oder der unteren Weser. Wenn fernerhin ein weiter fortgeschrittenes Volk so Mancherlei verlangt, um sich zufrieden zu stellen und geistig fortzuentwickeln, und wenn es daher unklug erscheint, ihm Einrichtungen zu verweigern, die es bedarf: Antheilnahme an der Leitung und Besorgung seiner eigenen Angelegenheiten, treffliche Lehranstalten und gute Gerichtspflege, — so wird dies Alles von einer weniger herangewachsenen Nation, die dem höheren Kulturleben entfernter steht, gar nicht einmal als wünschenswerth oder nöthig empfunden: ja es erscheint ihm das als eine Last, was für das erstgenannte Lebensbedingung ist. Hätte Josef II. über Frankreich regiert und dort seine großen Verbesserungen eingeführt, welche diesem Lande damals so noth thaten, wie kaum einem anderen der Welt, so wäre der so groß denkende Reformator wol unter Danksagungen und Lobpreisungen ins Grab gestiegen, und die

entsetzliche französische Revolution, die Frankreich mit Strömen Blutes über=
goß, würde dann nicht stattgefunden haben. Eben weil wir nicht Alle gleich sind
an Kräften, Bedürfnissen und Bildung, will auch ein jedes Volk nach seiner
Weise und seinen Sitten behandelt und beglückt sein. Würde Josef dies be=
achtet haben, hätte er, statt erst einen Schritt vorwärts zu thun, nicht oft
deren zwei auf einmal schreiten wollen, so brauchte er zuletzt nicht so viele
rückwärts zu machen und wäre nicht in den besten Jahren an gebrochenem
Herzen gestorben.

Doch nicht nach den Erfolgen allein ist der Werth eines bedeutenden
Menschenlebens zu bemessen. Wir haben an einer anderen Stelle gesagt, daß
der Mensch allerdings meist nach Dem beurtheilt würde, was er vor sich gebracht
hat: nach den sichtbaren Ergebnissen, welche sein Leben und Wirken schließ=
lich vorzuweisen haben. In erster Reihe ist jedoch bei Allem, was ein Mensch
thut, stets sein Wille, seine gute Absicht mehr noch als der Erfolg, ins
Auge zu fassen. Friedrich's des Einzigen Thun hat allerdings seine glänzendste
Rechtfertigung in seinen Erfolgen gefunden; wollte man indessen denselben
Maßstab an den Werth des sauren Tagewerkes anlegen, dessen Vollbringung
zur Beglückung seiner Unterthanen Josef II. eben so sehr am Herzen lag als
dem großen Preußenkönig seine Lebensaufgabe, so würde man eben in den=
selben Fehler verfallen, auf den wir hinsichtlich des Wirkens des edlen Josef
Eingangs Dieses hindeuteten.

Das Ziel, das sich dieser Menschenfreund auf dem Throne gesteckt, war
ein erhabenes, eines großen und edlen Herzens und Geistes würdig; daher
ist dieser Monarch der wärmsten Theilnahme aller guten Menschen werth, wie
oft und bitter er sich auch geirrt haben mag. Sein Wille war rein, sein Stre=
ben frei von niedriger Selbstsucht und kleinlicher Engherzigkeit. Selbst der
Ehrgeiz, welcher ihn die Vergrößerung seiner Staaten anstreben ließ, hatte im
Grunde nichts Persönliches an sich. Es war derselbe Ehrgeiz, der Friedrich II.
durchglühte. Des Kaisers Herz, durchdrungen von so viel Liebe zu den Men=
schen, brach, als das Werk der Beglückung und Veredlung seiner Völker an
deren Unempfänglichkeit und Unreife, an ihrer Undankbarkeit scheiterte, an
den starren Klippen schnöder Mißgunst, an den riesigen Felsen erbärmlichen
Eigennutzes kläglich zerschellen mußte. Die ganze Größe dieses hochherzigen
Menschen nach den erlebten Erfolgen als Reformator seiner Staaten abschätzen
wollen, hieße Ungerechtigkeit üben. Freilich hat er selbst keines der gepflanz=
ten Saatkörner zu seinen Lebzeiten noch aufgehen sehen, aber unsere Stammes=
brüder am Donaustrande, sowie unsere Nachbarn weiter gegen Osten und
Süden, ernten heute die Früchte, deren Keime der übereifrige fürstliche Sä=
mann vor hundert Jahren in den Schoß der Erde versenkte.

Die Eltern Josef's II.: Kaiser Franz I. und Maria Theresia.

1.

Aus der Kindheit eines großen Fürsten.

Welch lauter Jubel herrschte am 13.
März des Jahres 1741 in den Häusern und auf den Gassen der lebens-
frohen Kaiserstadt an der Donau! An diesem Tage war nämlich dem alten Hause
Habsburg ein Prinz, ein Erbe geboren, der
dem Volke die Fortdauer des geliebten Re-
gentenhauses und damit der Monarchie zu
verbürgen schien. Die immer heiteren Wiener begrüßten daher das Glück ver-
heißende Ereigniß mit Sang und Klang, wiewol gerade damals schwere Gewit-
terwolken sich über dem Haupte der Beherrscherin von Oesterreich-Ungarn zu-
sammengeballt hatten. Es war zu jener schlimmen Zeit, als Maria Theresia
ihr Erbe von allen Seiten angefochten sah, als Bayern und Franzosen mit

1*

Macht gegen die österreichischen Grenzen zogen, als der junge König von Preußen Ansprüche auf Schlesien erhob und dieselben mit den Waffen in der Hand geltend machte.

Mit K a i s e r K a r l VI. war der letzte männliche Sprößling des habsbur= gischen Stammes in die Gruft seiner Ahnen gesenkt worden. Maria Theresia, seine Erbtochter, vermählt mit dem Herzog Franz Stephan, aus dem nicht minder edlen Geschlecht der lothringischen Fürsten, mußte gegen eine Reihe er= bitterter Feinde in hartem Kampfe den Thron ihrer Väter erstreiten. Daß wieder ein männlicher Erbe vorhanden, darüber jauchzten nunmehr die lebens= lustigen Wiener und ihr Jubel setzte sich fort durch alle Provinzen des weiten Reiches. Auch die königliche Mutter schloß ihr erstgeborenes Söhnchen freudig an die Brust; allein sie konnte sich nicht so rasch der Sorgen erwehren, welche ihr Lager umschwebten.

Karl VI., ihr Vater hatte ansehnliche Landestheile geopfert, um die Fürsten Europa's zu bestimmen, daß sie seiner Tochter Reich und Rechte in einem Vertrage, Pragmatische Sanktion genannt, Gewähr leisteten. Aber die Opfer waren umsonst gebracht. Kaum hatte er die Augen geschlossen, so erhoben Bayern, Sachsen und Sardinien, Verwandtschaft und veraltete Erb= verträge vorgebend, Ansprüche auf das habsburgische Erbe: F r i e d r i c h II., seit Kurzem erst König von Preußen, war in Schlesien eingefallen, und Frankreich, der alte Erbfeind Oesterreichs, machte bereits Vorschläge zur Zerstückelung der Monarchie. So sah sich die königliche Mutter von schweren Sorgen umringt, und auch bei der Taufe ihres Sohnes Josef konnte sie sich nicht ungetrübter Freude überlassen, denn fast gleichzeitig lief die Nachricht ein, der junge Preußenkönig habe ihr Heer bei Mollwitz geschlagen und sich der ganzen Pro= vinz Schlesien bemächtigt. Bald wurden die Bedrängnisse größer. Kurfürst Karl Albrecht von Bayern, der nachmalige Kaiser Karl VII., rückte an der Spitze eines ansehnlichen Heeres in Oesterreich bis nach St. Pölten vor und bedrohte Ende August die Hauptstadt Wien. Französische Hülfsvölker waren zu ihm gestoßen, andere französische Armeen setzten sich nach den Niederlanden und an den Rhein in Bewegung. Ihnen schlossen sich mehrere deutsche Für= sten an, während die verbündeten Feinde zugleich die fast wehrlosen italieni= schen Besitzungen angriffen.

All diesen schweren Gefahren und mächtigen Gegnern stand Maria Theresia allein gegenüber, ohne Bundesgenossen, fast ohne Heere und Geld, eine Frau, aber eine Frau von unverzagtem Muthe und im Gefühle ihres Rechts und ihrer Pflichten fest entschlossen, das von den Ahnen überkommene Erbe zu bewahren. Vertrauensvoll wendete sie sich an ihre Völker, vornehm= lich an die Hochherzigkeit der streitbaren Bewohner ihres Königreiches Ungarn. Im September berief sie den Reichstag nach Presburg und erschien selbst in der Versammlung. Die Königskrone auf dem Haupt, den Säbel an der Seite, in magyarischem Gewande, schön, in blühender Jugendfrische, so trat die edle Frau vor die Magnaten. Sie schilderte in begeisternder Rede ihre, des jungen Königs und des Reiches Bedrängniß und erhob den Muth und die Treue des Ungarnvolkes, von dessen Tapferkeit sie Rettung und Siegesruhm erwartete. Als die edle Frau ihre Rede schloß, zogen die kriegerischen Magnaten ihre Säbel und riefen unter dem Klirren der Waffen: „Moriamur pro rege nostro Maria Theresia!" (Wir wollen sterben für unsern König Maria Theresia). Der feurige Zuruf wollte kein Ende nehmen, wie die Königin unter Thränen der Versammlung dankte, und in allen Herzen flammte der Entschluß, Gut und Blut für die hochverehrte Herrin willig zum Opfer zu bringen. So ergriff das Ungarnvolk die Waffen, mit ihm wetteiferten die Völker der übrigen Kronländer und verharrten in fester Treue während des schweren Krieges, so daß die Königin, mit Ausnahme Schlesiens und einiger unbedeutenden Landestheile in Italien, das habsburgische Erbe ungeschmälert erhalten konnte. Acht Jahre dauerte der Oesterreichische Erbfolgekrieg. Unterdessen war Kaiser Karl VII. gestorben und der Gemahl Maria Theresia's als Franz I. zum deutschen Kaiser erwählt worden, was zwar nicht die Macht des österreichischen Hauses, wol aber seinen Einfluß auf die Angelegenheiten des Deutschen Reiches vermehrte und der Kaiserin Gelegenheit gab, mehrere ihrer Kinder mit geistlichen Fürstenthümern zu versorgen. Für ihren ältesten Sohn aber, der ihr Liebling war, sorgte sie ebenso durch Erhaltung der Erblande wie durch eine sorgfältige Erziehung, indem sie ihm tüchtige Lehrer gab und deren Unterricht aufmerksam überwachte.

Josef war ein schöner Knabe von weißer Gesichtsfarbe und sanft gerötheten Wangen. Unter der gewölbten Stirne blitzten die feurigen blauen Augen, während der kräftige Körperbau eine Fülle von Gesundheit verrieth. Er war munter, aufgeweckt, von lebhaftem Temperament, leicht gereizt, aber auch schnell versöhnt.

Eingedenk der begeisterten Hülfe, welche ihr während der schlimmsten Zeit ihres Lebens durch die tapferen Magyaren geworden, kleidete die Kaiserin ihren Erstgeborenen in die Tracht des Ungarnvolkes, ließ ihn früh dessen Sprache lernen und wählte zu seinem Hofmeister den ersten unter den ungarischen Magnaten, den als Heerführer rühmlich bekannten Battyany. Er war ein strenger Kriegsmann, der es nicht zuließ, daß aus Rücksicht auf die hohe Geburt seines Zöglings diesem so leicht Etwas nachgesehen wurde. Später leitete der Freiherr Christoph von Bartenstein, der als Staatssekretär ganz außerordentlichen Einfluß auf die Entschließungen seiner Gebieterin ausübte, den Geschichtsunterricht, den der junge Thronfolger genoß, und förderte, als der Prinz älter wurde, dessen Verständniß seiner Zeit und der Verhältnisse derselben. Bartenstein hatte vom Vater des Prinzen hinsichtlich der Leitung des Geschichtsunterrichts besondere Weisungen empfangen: „Es soll meinem Sohn", so lautet des Kaisers Franz I. Anordnung, „die Historie so traktiret werden, daß die Fehler und bösen Thaten der Regenten so wenig verschwiegen bleiben, als ihre Tugenden und das Gute, welches sie gethan haben, so daß er gute Principia sich machen lerne, durch welche die Fehler der vorigen Regenten zu vermeiden sind 2c."

Gewiß waren dies vortreffliche Grundsätze, aber zwei der anderen Lehrer Josef's, die Jesuiten Parhammer und Franz, suchten dem Prinzen ganz andere Anschauungen beizubringen, und so gelangten die guten Absichten des kaiserlichen Vaters nicht vollständig zur Geltung. Wol aber verleidete die Pedanterie der Ebengenannten dem Prinzen das Lernen vollständig. Dagegen erwies sich der Umstand förderſam, daß Josef von Jugend auf lernen mußte, sich dem Willen seiner Mutter zu fügen und das jugendliche Feuer zu bezähmen, das so leicht über alle Schranken hinausstrebte. Dieser nicht selten harte Zwang führte den Prinzen zur Selbstbeherrschung, er trug jedoch auch zu jener Verschlossenheit des Gemüthes bei, welche bei anderer Gemüths= art nicht selten zur Verstellung hinleitet.

Wie alle begabten Menschen, faßte Josef sehr rasch: aber was er gelesen und gelernt, blieb in ihm nicht so recht haften, wie bei seinen jüngeren Brüdern Karl und Leopold. In den Lehrstunden folgte er zwar mit Aufmerksamkeit fesselnden Vorträgen, aber das Auswendiglernen von Vokabeln, das Studi= ren der Folianten, woraus er die vaterländische Geschichte erlernen sollte, war seine Sache nicht. Darin übertraf ihn sein jüngerer Bruder Leopold, der bei den Prüfungen nicht selten den Sieg über Josef davontrug. Hin= gegen blieb er in allen Leibesübungen zu Pferde und zu Fuß seinen Ge= schwistern und Gespielen weit überlegen. Dabei war jedoch seine Weise, sich zu geben, eine so offenherzige und herzgewinnende, daß der ganze Hof in dem Urtheil übereinstimmte, Josef sei der lebhafteste und liebenswürdigste Knabe gewesen, an dessen spaßhaften und witzigen Einfällen alle Welt sich ergötzte, und dessen Eigenwille und Schalkhaftigkeit Jedermann gern verzieh, mit Ausnahme der gestrengen Frau Mutter. Das Kaiserſöhnchen führte, gleich anderen Jungen desselben Alters, gar manchen fröhlichen Jugendstreich aus, wie er denn einstmals, als ein festliches Gastmahl hergerichtet werden sollte, in der Frühstunde in die kaiserliche Küche schlich, alles hölzerne Kochgeräthe auf einen Haufen schleppte und unter großem Jubel seiner Gespielen ver= brannte. Hierauf beobachtete er mit heimlicher Freude die Verlegenheit der Köche, deren Kunst er niemals hoch anschlug. — „Mein Seferl", pflegte seine erlauchte Mutter zu sagen, „ist nicht immer folgsam und auch so recht lerngierig nicht; nur so manche Züge, die den Selbstdenker verrathen, bewegen mich, seiner Lässigkeit etwas nachzusehen." Seine Neigung für das Militär und für kriegerische Uebungen nährte frühzeitig schon sein oberster Hofmeister, der Feldmarschall Batthyany; wo es eine Revue oder ein Manöver gab, fehlte der Prinz nicht leicht. Zugleich bemächtigte sich seiner schon frühe die Sehnsucht, fremde Länder zu sehen, ihre Kunstwerke, ihre Merkwürdigkeiten zu studiren, überhaupt das Leben, so viel als möglich, durch eigene Anschauung

Wenzel Anton Fürst von Kaunitz.

kennen zu lernen. Nicht ahnend das dunkle Geschick, das sich ihm später überall hemmend in den Weg stellte, die Früchte seines edlen Strebens nicht zeitigen ließ und zuletzt ihm alle Freude an demselben verbitterte, war Josef zu einem vielversprechenden Jüngling herangereift, als jener langjährige, verwüstende Kampf zwischen dem Hause Habsburg-Lothringen nebst dessen Verbündeten und dem aufstrebenden Preußen von Neuem aufloderte.

Diesmal hatte sich Oesterreich wohl vorgesehen. Schon ehe Graf, später Fürst Kaunitz im Jahre 1753 als Staatskanzler an die Spitze der Regierungsgeschäfte getreten, war ein wichtiger Umschwung in der österreichischen Politik in der Richtung eines innigeren Zusammengehens mit Frankreich angebahnt worden. Jedoch erst mit Kaunitzens Geschäftsübernahme kamen die Dinge in den rechten Fluß. Die Behandlung der politischen Angelegenheiten seitens dieses großen Ministers unterschied sich von der seiner Amtsvorgänger in charakteristischer Weise dadurch, daß er in großem Stile bestimmt wahrnehmbare Ziele verfolgte und nicht mit eingebildeten, unbestimmbaren Größen rechnete, wie die Staatsmänner nach dem Prinzen Eugen.

Kaunitz steht unter der Reihe der leitenden Minister Oesterreichs einzig in seiner Art da. In seinen Augen war die Wiedereroberung Schlesiens nicht sowol eine Sache persönlichen Gefühls, als eine Aufgabe von äußerster Bedeu-

tung für die ganze Zukunft und politische Bedeutung des Donaureiches, zumal
als europäische Großmacht. Er empfand und beklagte in dem Verluste Schlesiens für Oesterreich bei Weitem weniger die Einbuße an Land und Leuten,
sondern die unermeßlichen Folgen, welche seiner Ansicht nach daraus für
die deutsche Machtstellung Oesterreichs erwachsen mußten.

Das Uebergewicht Oesterreichs erschien allerdings durch den Verlust
Schlesiens, dieses hochwichtigen deutschen Kulturlandes, im innersten Lebens-
mark angetastet; denn die verlorene Provinz hatte für Oesterreich gewissermaßen einen vorgeschobenen Posten gebildet, um deutsche Bildung und Ge-
sittung seinen so verschiedenartigen Völkerbestandtheilen zugänglich zu machen.
Mit dem ihm eigenen Weitblicke hielt Kaunitz dafür, daß nach dem Verluste
von Schlesien das österreichische Herrscherhaus die deutsche Kaiserwürde auf
die Dauer zu behaupten kaum im Stande sein werde. So erklärt es sich,
daß der Staatskanzler, als Preis der Hülfeleistung behufs Wiedergewin-
nung Schlesiens, Frankreich die österreichischen Niederlande anbot, die ohnehin des Zusammenhangs mit der Hauptmasse der österreichischen Länder ent-
behrten, daher für den Kaiserstaat einen sehr zweifelhaften Werth hatten,
einen Gedanken, den später Kaiser Josef II. — worauf wir an einer anderen Stelle zurückkommen werden — weiter verfolgte, indem auch er dem
kurpfälzischen Hause, als dasselbe in Bayern zur Thronfolge gelangte, einen
Austausch in Bezug auf die flandrischen Provinzen vorschlug. Die Ent-
wickelung der deutschen Einheitsidee und deren Verwirklichung seit dem
Jahre 1866 hat jener weitausschauenden staatsmännischen Auffassung zur
thatsächlichen Rechtfertigung gedient, seitdem der vor mehr als hundert Jahren begonnene Kampf Preußens mit Oesterreich um die Führung Deutschlands unwiderruflich zu Gunsten der erstgenannten Macht entschieden worden
ist. Vom österreichischen Standpunke aus erscheint die Politik von Kaunitz
eben so wohlberechtigt, als in ihren Zielpunkten groß angelegt.

Josef war noch nicht 16 Jahre alt, als der Siebenjährige Krieg aus-
brach, dessen Verlauf und Ausgang unsern Lesern bekannt sein wird. Er
wünschte sehnlich, mit dem Heere hinaus in den Kampf für das Vaterland zu
ziehen. Die Kaiserin schien Anfangs seinen Wünschen geneigt zu sein, bald
aber siegte die mütterliche Sorge um ihren Liebling, sie hielt ihn zurück.
Vielleicht wäre es besser gewesen, denselben ziehen zu lassen; vielleicht hätte
er an der Seite des kühnen Laudon den scharfen Blick des Feldherrn, die
rasche Entschlossenheit zur That erlernt, die unter dem Donner der Schlacht
die Entscheidung herbeiführt, und wäre er an einem heißen Kampftage gefallen, so hätte er ein besseres Loos gezogen, als ihm in den späteren Lebensjahren bevorstand.

2. Frühestes Wirken.

Oesterreichs jugendlicher Thronerbe hatte im Jahre 1760 die anmuthige Isabella von Parma kennen gelernt. Diese junge Prinzessin gewann eben so sehr durch Schönheit als durch geistige Vorzüge und Herzensgüte die Zuneigung Aller. Maria Theresia sagte von ihr, es gebe keinen Tag und keine Stunde, wo sie dieselbe nicht betrachten möchte. Die Herzen der jungen Leute fanden sich bald, und Josef vermählte sich mit der Auserwählten, welche ihm wie ein guter Engel rathend und leitend zur Seite stand, jedoch leider nur kurze Zeit, denn schon drei Jahre nach ihrer Verheirathung starb sie; auch die Tochter, die sie dem Gatten geschenkt hatte, folgte ihr frühe ins Grab. Im Jahre 1765 schloß der Wittwer eine zweite Ehe, diesmal aus politischen Rücksichten, mit der bayerischen Prinzessin Josefe. Als aber auch diese Ehe nach zweijähriger Dauer durch den Tod seiner Gemahlin gelöst wurde, verheirathete er sich nicht wieder und bewahrte bis an sein Lebensende das Andenken seiner geliebten Elise, wie er seine erste Gattin deutsch nannte. Es schien, als ob die Vorsehung ihren Liebling durch Auferlegung der Pflichten und Sorgen des Familienlebens nicht dem größeren Zwecke seiner hohen Sendung habe entziehen wollen.

Ein zärtlicher Gatte und Vater hätte nicht so ausschließlich dem Wohle des Volkes leben können, wie Josef.

Bald nach dem Schlusse des Siebenjährigen Krieges, infolge des Hubertusburger Friedens, im Jahre 1764, war Josef zum römischen König erwählt worden, und als sein Vater während einer Reise in Tirol nach einem Schlaganfall in den Armen des trefflichen Sohnes starb (18. Aug. 1765), ging auf diesen auch die Würde eines römischen Kaisers deutscher Nation über.

Freilich war dies kein Amt, welches einen Geist wie Joseph II. hätte fesseln oder dauernd beschäftigen können, denn das Oberhaupt von Deutschland hatte damals fast alle und jede Macht verloren, und wie um die Würde, so stand es auch ums Einkommen. Die Einkünfte, welche Josef vom Reiche bezog, waren auf 13,000 Gulden — sage dreizehntausend Gulden — herabgesunken. Eingeschränkt und gehindert von allen Seiten, konnte der Kaiser dem Reiche, dessen Schutz und Schirm er sein sollte, nur sehr geringen Nutzen schaffen. Doch that er, was er vermochte. Es lagen eine Menge Religionsbeschwerden der Evangelischen und Reformirten vor. Ein kaiserliches Reskript wies das Reichskammergericht an, die darauf bezüglichen Klagen vor allen anderen Sachen zu erledigen. „Wie sehr wünschte ich", sagte Josef zu dem kursächsischen Residenten, „jene begründeten Beschwerden abstellen zu können, aber Sie wissen ja, wie sehr mir in Reichssachen überall die Hände gebunden sind." Deswegen entsprach auch der Fortgang dieser Angelegenheit eben so wenig den gehegten Erwartungen, wie die auf Verbesserung der Rechtspflege seitens des Reichsobergerichtes abzielenden kaiserlichen Verfügungen.

Bald nach Erwählung Josef's zum deutschen Kaiser zog ihn Maria Theresia zur Mitregentschaft in ihren Staaten heran. Als sie jedoch wahrnahm, in welche Aufregung ihn sein hoher Beruf versetzte, und wie ungestüm sein Verlangen, Verbesserungen zu Wege zu bringen sich äußerte, wie er Tag und Nacht keine Ruhe fand, sei es, daß er in stürmischer Eile unter angenommenem Namen die Provinzen des Reiches durchflog oder verkleidet in der Hauptstadt umherstreifte, um selbst Alles zu sehen und beurtheilen zu lernen: der vorsichtigen Kaiserin bangte vor solcher Ruhelosigkeit, und in der Aengstlichkeit ihres Mutterherzens schränkte sie die Thätigkeit ihres Sohnes nach und nach wieder ein, bis diese schließlich nur noch die Leitung des Kriegswesens umfaßte. Nach dieser Richtung hat Josef an der Hand des würdigen Feldmarschalls Grafen Lascy, welcher ihn in der Heeresführung unterrichtete, Vieles zu Gunsten und zur Hebung der kaiserlichen Armee, welche in verhältnißmäßig kurzer Zeit nach preußischem Vorbilde reorganisirt wurde, gethan. Josef's Eifer für das Heerwesen erkaltete niemals, er hatte früher schon Gelegenheit wahrzunehmen, wie unsicher es um die Zukunft eines Staates stehe, der nicht seiner Stellung und Lage gemäß genügende Streitkräfte zur Hand hat oder auf deren Ausbildung nicht sorgsam achtet. Oesterreich hatte diese Vernachlässigung hart genug mit dem Verluste Schlesiens gebüßt.

Alljährlich wurden daher auf des jungen Kaisers Veranstaltung 14,000 bis 60,000 Mann in Uebungslagern in Minkwitz, Pettau, Pest, Prag und in verschiedenen Gegenden Mährens zusammengezogen. Wie sehr Josef auch fremdes Verdienst und die Tapferkeit des Gegners zu würdigen wußte, beweist die Art und Weise, durch die er einen der berühmtesten Helden aus der ersten Zeit des Siebenjährigen Krieges ehrte. — Als im Jahre 1776 das Heer an einem der letzten drei Tage zu den großen Kriegsübungen ausrückte und den Ort berührte, wo am 6. Mai 1757 Feldmarschall Schwerin in der Schlacht

Josef ehrt das Andenken des Feldmarschalls Schwerin.

bei Prag, von fünf Kugeln getroffen, mit der Fahne in der Hand den Helden-tod erlitten hatte, hielt der Kaiser an der durch Anpflanzung eines Baumes ge-nau bezeichneten Stelle an und befahl sechs Grenadierbataillonen, welche eben vorüberzogen, ein Viereck um den Baum zu schließen und die Manen des Gefallenen mit einer dreimaligen Salve zu begrüßen. Er selbst begab sich mit seinem Gefolge und dem General Nugent in das Carré und entblößte bei jeder Salve sein Haupt. Jeder Grenadier, der in der Schlacht bei Prag mit-gefochten, erhielt bei dieser Gelegenheit ein Geschenk von einigen Dukaten, das ganze Heer eine doppelte Tageslöhnung.

Den ihm übrig gelassenen Einfluß auf die Entscheidungen seiner kaiser-lichen Mutter benutzte Josef in einer Weise, welche ihm die Achtung und

Liebe aller verständigen und wohlmeinenden Leute zuwendete. Er bewog Maria Theresia, besonders die Kleiderpracht einzuschränken und überhaupt durch manche Verordnungen der Billigkeit und Gerechtigkeit das Loos der Unterthanen zu erleichtern. Auf Veranlassung Josef's wurden mancherlei Anstalten und Institute errichtet, die nicht nur für die Kaiserstadt, sondern für das ganze Land eine Wohlthat waren. Zwischen 1766 und 1768 erhielt die Akademie der Künste ihre vollendete innere Einrichtung. Bald nach dem Tode seines Vaters legte er den besten Beweis dafür ab, daß er des Staates Wohlfahrt hoch über seine eigenen Interessen stellte, und daß er den Grundsatz, „nur der erste Diener im Staate sein zu wollen", schon damals vor Augen hatte. Er erbte nämlich von seinem Vater 22 Millionen an Staatspapieren, sowie eine ansehnliche Reihe von Staatsgütern, die der verstorbene Kaiser als Privateigenthum erworben hatte. Josef war dadurch in Besitz eines Privatvermögens gelangt, dessen sich wenige Fürsten Europa's rühmen konnten: er aber meinte, je weniger er selbst gebrauche, um so größer seien die Bedürfnisse des Staates, den er zu beglücken habe. Daher verbrannte er sämmtliche ererbte Papiere und gab die Domänen zurück. Um dieses auf dem Altare des Vaterlandes niedergelegte Opfer nicht bereuen zu müssen, beobachtete er für seine Person und in seiner Umgebung die strengste Sparsamkeit. Er wurde dadurch wieder in den Stand gesetzt, wo es der Anstand erforderte, als Kaiser aufzutreten oder, wo er Noth sah, nach dem Drange seines menschlich fühlenden Herzens mit kaiserlicher Freigebigkeit zu helfen. Unter solchen Umständen fehlte es ihm niemals an Mitteln, Thränen zu trocknen. Wo irgend welche Kalamitäten Hülfe erheischten, wie z. B. Ueberschwemmungen, Erderschütterungen und Feuersbrünste: Unglücksfälle, die gerade in der ersten Zeit seines selbständigen Auftretens rasch auf einander folgten, da hielt auch der Kaiser die Hand offen. Bei Ausbruch eines großen Schadenfeuers im Februar 1766 war es Josef, welcher in den bedrohten Vorstädten Wiens auf jedem Schritte Trost und Hülfe spendete. Die Hofleute machten nun großes Aufheben davon, daß ihr Gebieter sich über alle Maßen gleich einem gewöhnlichen Handarbeiter angestrengt, ja sein Leben mancherlei Gefahren ausgesetzt habe. Diesen übermäßig besorgten Herren erwiederte Josef auf ihre Einhaltung, „ein Kaiser zumal habe mehr und Besseres im Auge zu behalten, als es den gemeinen Leuten gleich zu thun": „Ich war eher Mensch als Kaiser, und jenes ist meine beste Eigenschaft."

Von dem Grundsatze ausgehend, daß alle seine Unterthanen nicht blos zur Arbeit, sondern auch zum Genusse des Daseins berufen seien, dehnte er seine Sorge auch auf die bürgerlichen Belustigungen aus. Er gestattete Bürgern und Landvolk auch am Sonntag Abend ein Tänzchen in Ehren und sagte zu einem Pater, der dagegen eiferte, „er und der ehrwürdige Pater tanzten nicht: sie wollten aber darum den fröhlichen Leuten ihr Vergnügen nicht verderben." Ferner ließ er das Glacis zwischen Wien und seinen Vorstädten ebenen, mit Alleen bepflanzen und zu Spaziergängen einrichten. Ebenso eröffnete er den Augarten und Prater, die bisher nur dem Adel zugänglich waren, dem gesammten Publikum, und als eine vornehme Dame sich beschwerte, sie könne nun nicht mehr in guter Gesellschaft spazieren gehen, versetzte er mit großem Ernst: wenn er nur mit seines Gleichen Umgang pflegen wolle, so müsse er ihn in der Gruft seiner Ahnen suchen. Mit nicht geringerem Eifer nahm er sich der deutschen Bühne an. Das Hofburgtheater erklärte er für ein Nationalinstitut, gewann tüchtige Kräfte für dasselbe und trug Sorge, daß gediegene Stücke zur Aufführung kamen. Die italienische Oper und das französische Schauspiel dagegen, die der vornehmen Welt zum Zeitvertreib gepflegt wurden, verabschiedete er. Der französische Gesandte stellte ihm zwar beweglich vor, er müsse jetzt auf jeden theatralischen Genuß verzichten, allein der Kaiser versicherte ihn, dem sei leicht abzuhelfen, er solle es machen wie der österreichische Gesandte in Paris, der Französisch gelernt habe, er brauche also nur Deutsch zu lernen.

Wiewol gesellig und heiterer Unterhaltung nicht abgeneigt, trachtete Josef doch schon als Jüngling darnach, im Umgang mit älteren und welterfahrenen Personen seine Anschauungen zu erweitern. Er ließ keine Gelegenheit vorübergehen, um gelehrte und verdienstvolle Männer kennen zu lernen und auszuzeichnen. Auch diese fanden Geschmack an seiner Weise, gewichtige und weniger ernste Dinge zu erörtern. Man hörte ihn gern reden, denn aus seinem Gespräche sprudelte eine Fülle des Wissens und eine Menge trefflicher Gedanken. Schon das Spiel seiner Geberden verrieth die ununterbrochene Thätigkeit seines Verstandes und seiner Gefühle, von welch letzteren er doch mehr beherrscht wurde als von ersterem. Wie Friedrich auf der Flöte, war Josef Virtuos auf der Violine, dem Violoncello und dem Klavier. Auch dem Gesang war er wohlgeneigt, denn er selbst besaß eine wohlklingende Baßstimme. Gern hörte er nach Tische Musik; daß er das Theater liebte und begünstigte, erwähnten wir schon. Josef besaß die Eigenschaft der meisten Menschen, welche Geist besitzen: er war sehr gesprächig. Die glückliche Anlage seines Temperaments befähigte ihn, während des ersten Abschnitts seines Lebens jeder Sache eine heitere Seite abzugewinnen.

An dem wilden Zeitvertreib der damaligen Zeit fand Josef dagegen kein Vergnügen. Wiewol Freund der Jagd, schaffte er doch die kostspielige Equipage der kaiserlichen Parforcejagd ab. Ebenso war ihm die sogenannte „Wiener Hetze", bei welcher wilde Thiere gegen einander losgelassen wurden, ein Greuel. Trotz dieser Abneigung und seinem Abscheu vor Rohheit gerieth er nicht selten infolge seines Eifers und der Leidenschaftlichkeit seines Wesens bei Jagden und auf Reisen in Lebensgefahr. Zweimal lief er während der Jagd Gefahr, von Hirschen gespießt zu werden; mehrere Male war er dem Ertrinken nahe: oft stürzte er vom Pferde, ohne daß er dadurch schüchterner oder vorsichtiger geworden wäre; Strapazen und Unbequemlichkeiten jeder

Art ertrug er mit größter Seelenruhe. Auf einer seiner Reisen nach dem „Reiche" begab es sich, daß Josef über alle Maßen lang auf Pferde warten mußte, während der Postmeister sich um den ihm unbekannten fremden Rei=senden wenig bekümmerte, sondern sich angelegen sein ließ, seinen Stamm=gästen ein Porträt des „römisch=deutschen Kaisers", dessen Name in aller Welt Mund war, vorzuzeigen. Zuletzt entrollte der Verehrer der kaiserlichen Majestät das Bild auch vor dem Original selbst mit den Worten: „Da sehen auch Sie das getreue Conterfei unseres allergütigsten und allerweisesten Herrn . . . ." „Und allergnädigsten Kaiser", ergänzte einer der Herren vom Gefolge Josef's, sich vor dem Gebieter verbeugend. „Und doch nur ein Mensch wie Ihr Alle", vollendete der hohe Reisende, „nur nicht so weise, wohl aber etwas pressirter, als der Herr Postmeister denkt", fügte er nach einer klei=nen Pause launig zu, und zum Grafen Colloredo sich wendend, fuhr er in ernstem Tone fort: „allergnädigst und allerweise ist nur Einer, und der möge uns Allen barmherzig sein." Wenn man dieser Rücksichts=losigkeit gegen sich selbst seine emsige Fürsorge für fremdes Wohlergehen, für die Bequemlichkeit und Bedürfnisse seiner Umgebung und Diener entgegen=hält, dann erst gewinnt man eine richtige Vorstellung von dem liebenswürdigen Charakter und dem bescheidenen Wesen dieses edlen Menschen, der nur in fremdem Glück sein eigenes sucht, und den nichts bekümmert, als die Leiden, unter welchen er Andere erliegen sieht.

Als man ihm vor seinem Ableben andeutete, daß er keinen schlimmeren Feind zu bekämpfen habe, als seine Krankheit, erwiederte er: „Aber dieser greift nur mich an!"

Und wollen wir das rechte Verständniß vom Lebens= und Entwicklungs=gang dieses Menschenfreundes auf dem Throne gewinnen, so müssen wir die Vorbereitung des hochsinnigen Jünglings zu seinem hohen Berufe, die Aus=führung der erkannten Lebensaufgabe durch den gereiften Mann und das endliche Mißlingen so vieler preiswürdiger Bestrebungen nach kurz vergönn=ter Thatenfrist als ein Ganzes auffassen.

„Wenn Fürsten weinen, bluten die Völker", sagt unser Dichter Jean Paul im Hinblick auf die Kriege zu Anfang dieses Jahrhunderts, welche Throne in den Staub warfen und Nationen zerfleischten. Aber die Thränen der Fürsten schmerzen oft mehr noch als die Wunden der Völker, fügen wir hinzu, und nicht selten brausen die Stürme um die Höhen, wo die Gewaltigen wohnen, mit zerstörender Wuth, während sich die Hütten im niederen Thale glücklicher Ruhe erfreuen.

Kaiser Josef's II. Lebensgang giebt davon ein sprechendes Zeugniß.

„Nur ein Menſch wie Ihr Alle!"

3. Rundreiſen und landesväterliches Walten.

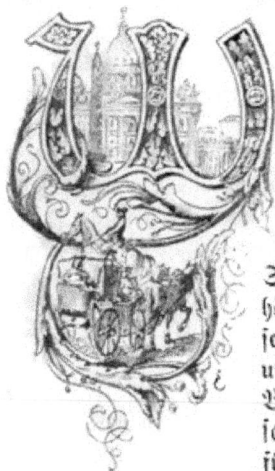

eil die Beſchränkung ſeines Wirkungskreiſes dem jungen Monarchen Muße genug übrig ließ, wollte er, um ſeine Völker ſicherer beglücken zu können, ſich ſelbſt von den Zuſtänden der verſchiedenen Staaten, die zur Krone des Hauſes Habsburg ge= hörten, überzeugen. Und damit kein ſchlimmer Fleck ſeinen Augen verborgen gehalten werde, reiſte er unter dem Namen eines Grafen von Falkenſtein in Begleitung nur weniger Stabsoffiziere und Kabinets= ſekretäre. Um raſch und nachhaltig helfen zu können, führte er ſtets bei ſolchen Gelegenheiten bedeutende Summen Geldes bei ſich. Er ſchlief entweder im Wagen oder auf der erſten beſten Station, wie in der Hofburg zu Wien, auf einer über Strohmatten

ausgebreiteten Hirschhaut. „Seine Kleidung", schrieb einer seiner Begleiter, „ist die eines Soldaten, seine Garderobe die eines Unterleutnants, seine Erholung Arbeit, sein Leben beständige Bewegung."

Damals befand sich ein Theil des ungarischen Königreichs, vornehmlich das schlecht verwaltete Temesvarer Banat, in der traurigsten Beschaffenheit. Die unglücklichen Bewohner des vernachlässigten Landes waren durch die Härte der Regierungsbeamten so weit gebracht worden, daß Maria Theresia sie als „Rebellen", Unruhestifter und Verräther, mit Strafen aller Art heimsuchen ließ. Dorthin richtete Josef seine Reise, und er fand, daß in erster Reihe die unmenschliche Grausamkeit der Vögte die eigenthumslosen Walachen in Räuber, Müßiggänger, Bettler und gefährliche Menschen umgewandelt hatte. Während die oberen Beamten rasch zu Vermögen gelangten, schmachtete das Landvolk im größten Schmuz und Elend, und was noch die höheren Staatsdiener übrig ließen, das schafften die niederen bei Seite. Jene plünderten im Großen, diese im Kleinen. Josef reinigte ohne Ansehen der Personen diesen Augiasstall der Beamtenwillkür. Er entsetzte den Landespräsidenten, berief bessere Beamten, legte denselben eine getreuere Verwaltung der Landeseinkünfte ans Herz, und da das Hauptübel in der Leibeigenschaft lag, so bahnte er die Aufhebung derselben an.

Ueberall fördernd, helfend, rathend durchzog der Monarch während mehrerer Reisen das weite Ungarland bis an die türkische Grenze. Heute musterte er Truppen und Festungswerke, morgen wandte er seine Aufmerksamkeit dem Ackerbau und dem erwachenden Gewerbefleiß zu oder den Nothständen des Landmannes und des Bürgers. Den Bauern ward unentgeltlich Ackerland überlassen, und bestimmte Anordnungen schützten den wieder etwas freier aufathmenden Dorfbewohner vor Bedrückung und Unbill. Wo es ihm nöthig schien, hielt sich der Kaiser längere Zeit auf, um Land und Leute genauer kennen zu lernen, dann reiste er wieder, wo es für ihn nichts zu beobachten gab, Tag und Nacht, so daß sein kleines Gefolge fast den Strapazen erlag. Er selbst trug alle Mühseligkeiten mit großer Seelenruhe, denn ihm schwebte beständig das Ziel vor Augen, die noch wenig kultivirten Landestheile und ihre Bewohner physisch und geistig zu heben. Er kehrte in Gasthöfen, oft auch in elenden Dorfherbergen ein, oder er begnügte sich mit dem frugalsten Mahle, das man meist im Freien oder im Wagen zu sich nahm. Zum großen Leidwesen der Kavaliere des Gefolges war der Wein ein wenig beachteter Artikel, da ihr kaiserlicher Herr fast nur Wasser trank. Sie mußten sich wohl oder übel häufig genug mit dem sauren Landwein der Wirthshäuser begnügen.

Unter den Segenswünschen von Tausenden kehrte der Kaiser nach seiner Residenz zurück. Das Volk erzählte sich im Stillen, wie der treffliche Monarch sich sorgte und abmühte: die ungetreuen Verwalter dagegen zitterten vor der Wachsamkeit des Gebieters, und da die Furcht fast immer Haß gebiert, so erwarb sich Josef, während er in einem entlegenen, unbekannten Theile der

Maria Therelia.

Kardinal Ganganelli (Clemens XIV.).

Bei Gelegenheit seiner Anwesenheit im Conclave, das behufs der Papst-
wahl damals in der Hauptstadt der Christenheit zusammengetreten war,
machte Josef die interessante Bekanntschaft des Kardinals Ganganelli,
der in der schmucklosen Ordenstracht der Franzikaner inmitten so vieler in
prächtige Gewänder gekleideten Kirchenfürsten die Aufmerksamkeit Josef's II.
erregt hatte. Befragt, wer er sei, antwortete der Franziskanermönch: „Ein
armer Priester, der das Kleid des heiligen Franciscus trägt." Josef trug
Verlangen, diesen sowol durch edlen Charakter wie durch Gelehrsamkeit und
erleuchteten Sinn gleich hervorragenden Zeitgenossen näher kennen zu lernen,
und er machte ihm daher in Begleitung seines Bruders, Leopold von Toskana,
einen Besuch. In der Voraussicht, daß Ganganelli zum Papst gewählt werde,
redete der Kaiser ihn „Heiliger Vater" an. Mit Feinheit erwiederte dieser
jedoch: „Um einen Papst zu wählen, sind zwei Stimmen zu wenig; um des
Alters zu spotten schon ihrer zu viel. Doch ertheile ich, kraft meines Amtes,
zwei hoffnungsvollen Fürsten den Segen. Möchten Sie Ihre Sendung so
vollenden, daß Sie einst in der ernsten Stunde heiter von hinnen scheiden."

Von Rom aus begab sich der Kaiser nach Neapel, wo er den Vesuv
erstieg, und verweilte hierauf längere Zeit in den Staaten seines Bruders,
des Großherzogs von Toskana. In der Lagunenstadt Venedig wohnte er

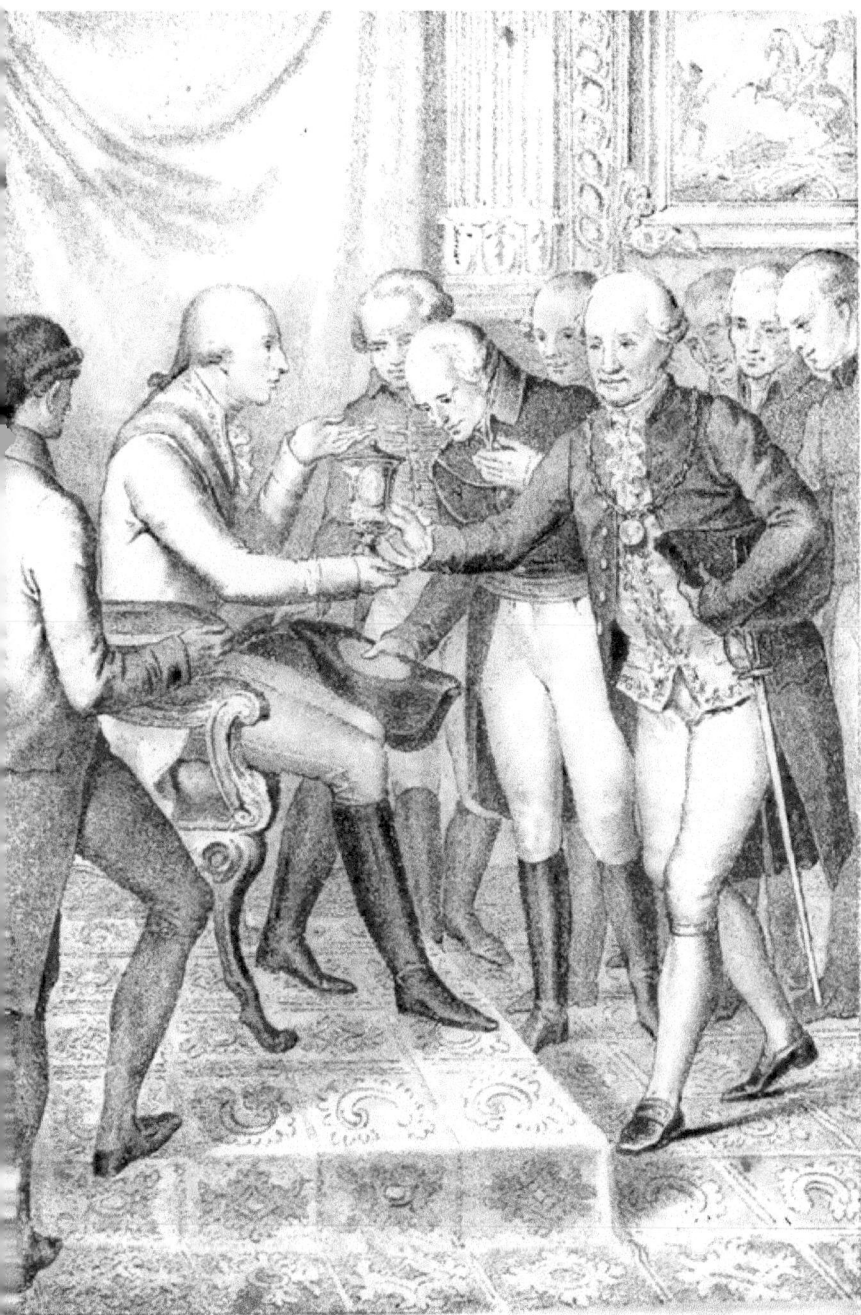

Die ärgsten Schrecken des Nothstandes hatten, wie sich herausstellte, habgierige Wucherer, vornehmen und niederen Standes, hervorgerufen. Die Getreidevorräthe, welche die strenge Untersuchung der kaiserlichen Beamten zu Tage förderte, hätten noch auf zwei, ja noch mehr Jahre ausgereicht. Diese Wahrnehmung bestimmte Josef, seine Rundreisen weiter auszudehnen.

Auf einem dieser früheren Ausflüge im August des Jahres 1769 durch Böhmen und Mähren bemerkte er unterwegs einen Bauern, der eben seinen Acker pflügte. Der Gedanke, wie wichtig der Feldbau für den Staat sei, erfüllte ihn bei dieser Gelegenheit so sehr, daß er sogleich anhalten ließ, aus dem Wagen stieg, zum großen Erstaunen des Landmanns den Pflug ergriff

Josef führt den Pflug.

und mehrere Furchen zog. Auf der Stelle, wo er auf diese Art den Ackerbau ehrte, ließ der Gutsherr, Fürst Wenzel von Liechtenstein, ein marmornes Denkmal setzen, und auch der Pflug wird noch jetzt als ein Heiligthum in dem Landhause (Ständehause) zu Brünn aufbewahrt.

Ohne ferneren Aufenthalt eilte der Kaiser nach Neisse, um mit Friedrich II. zusammenzutreffen, denn das war der eigentliche Zweck der Reise. Josef hatte schon im Jahre 1766, als er durch Böhmen nach Sachsen reiste, den Wunsch gehegt, dem Weisen von Sanssouci, den er als ein in jeder Hinsicht nachahmenswerthes Vorbild betrachtete, einen Besuch abstatten zu dürfen. Damals aber hatten weder seine Mutter noch Fürst Kaunitz eine solche Zusammenkunft für rathsam befunden, und Josef ließ Friedrich II. wissen, er würde schon Mittel finden, die Unhöflichkeit wieder gut zu machen, zu der ihn seine Pädagogen zwängen. Jetzt waren die Zeitverhältnisse der Art, daß selbst Maria Theresia Josef's Reise nach Schlesien nicht ungern sah. Am 25. August traf der Kaiser in Neisse ein und begab sich alsbald nach dem bischöflichen Palaste, wo Friedrich sein Absteigequartier genommen. Schnell eilte Josef die Treppe hinauf, so daß der König kaum Zeit gewann, ihm einige Stufen entgegenzueilen. Nach einer herzlichen Umarmung geleitete Friedrich seinen jungen Freund an der Hand in den Saal, wo Josef dem königlichen Nachbar wiederholt versicherte, daß nun sein liebster Wunsch erfüllt sei, da er die Ehre gehabt, den größten Fürsten und Feldherrn zu umarmen. Friedrich entgegnete ihm, daß er auch diesen Tag für den schönsten seines Lebens ansehe, denn es liege ein inniges Einvernehmen sowol in Preußens als in Oesterreichs Interesse. Der Kaiser versicherte ferner im Laufe des Gespräches, „für Oester= reich gäbe es nun kein Schlesien mehr." Bei solchem freundlichen Entgegen= kommen lag es nahe, daß die beiden gekrönten Häupter es sich angelegen sein ließen, auch über schwebende politische Angelegenheiten zu einem Einverständ= niß zu gelangen. Sie gelobten sich, bei dem zu erwartenden Kriege zwischen England und Frankreich neutral zu bleiben und nicht zu dulden, daß die Russen die von ihnen größtentheils eroberte Moldau und Walachei in bleiben= dem Besitz behielten. Friedrich ehrte seinen Gast außerdem durch Veranstaltung eines großen Manövers seiner sämmtlich um Neisse versammelten Truppen.

Bei den Unterhaltungen mit Friedrich sowie auch bei ähnlichen Ver= anlassungen kamen dem Kaiser sein gutes Gedächtniß und seine Sprachkenntniß sehr zu Statten, denn er verstand außer Latein und Französisch die verschie= denen in seinen Ländern üblichen Sprachen. Er konnte daher überall ohne Vermittelung eines Dolmetschers mit den Leuten reden und ihre Beschwerden anhören: er vergaß dann niemals, wo es thunlich schien, alsobald Abhülfe zu schaffen. Uebrigens sprach er am liebsten Deutsch. Es war seine Mutter= sprache, und er nahm sie auch gegenüber dem preußischen König in Schutz, als ihm derselbe seinen Gegenbesuch im Lager zu Mährisch=Neustadt abstattete.

Dort empfing auf einem offenen Platze der Kaiser seinen Gast und um= armte denselben. Auch Fürst Kaunitz und General Laudon, Beide im Ge= folge Josef's, nahmen am Empfange und der späteren Unterhaltung Theil. „Wissen Sie", sagte Friedrich unter Anderem, „daß ich in Ihrem Dienst ge= standen habe? Meine ersten Waffen habe ich für das Haus Oesterreich ge= führt. Mein Gott, wie die Zeit vergeht! Ich habe die letzten Strahlen von dem Genie des Prinzen Eugen leuchten sehen!" — „Vielleicht", antwortete der anwesende Fürst von Ligne, „entzündete sich das Genie Ew. Majestät an diesen Strahlen." — „Wer dürfte sich dem Prinzen Eugen zur Seite setzen!" rief der König: aber der Fürst versetzte rasch: „Der zum Beispiel, der dreizehn Schlachten geliefert hat." Mit eben so viel Feinheit, wie der König in dieser Unterhaltung bewiesen, sprach er sich gegen Kaunitz und Laudon aus. Er sagte zu dem Letztern, „er sähe ihn lieber an seiner Seite als gegenüber." — Mit dem Kaiser selbst stand er während dieser Zeit in

Fürst Kaunitz und Kaiser Josef. Friedrich II. im Gespräche mit Laudon und dem Fürsten von Ligne.

traulichem Verkehr. Beide Männer, voll Pläne für die Zukunft und dabei sich gegenseitig schätzend, ergossen sich bald in heiterer Laune, bald verhandelten sie die wichtigsten Gegenstände, namentlich den Frieden Rußlands mit der Türkei und die erste Theilung der Adelsrepublik Polens, welche der innere Unfrieden an den Abgrund des Verderbens geführt hatte.

„Ich bin in Mähren gewesen", schreibt Friedrich der Große aus jener Zeit an Voltaire, „und habe den Kaiser gesehen, der sich in Bereitschaft setzt, eine große Rolle in Europa zu spielen. Er ist an einem strenggläubigen Hofe geboren und hat den Aberglauben abgeworfen; er ist in Prunk erzogen und hat einfache Sitten angenommen; er wird mit Weihrauch genährt und ist bescheiden; er glüht vor Ehrgeiz und opfert seinen Ehrgeiz der kindlichen Pflicht auf, die er wirklich äußerst gewissenhaft erfüllt."

Erwerb von Galizien.

Was gelegentlich der eben geschilderten Zusammenkünfte der beiden Monarchen in Bezug auf Politik zu Tage gefördert, oder vielmehr insgeheim abgemacht ward, haben wir oben nur andeuten können und wollen es hier nun etwas weiter ausführen.

Sowol Oesterreich wie Preußen wünschten damals, daß der Türkenkrieg aufhöre, damit die Kaiserin Katharina, deren Generale mit entschiedenem Glücke gegen die Türken fochten, nicht gar zu mächtig werde. Nun hatten sie die Wahl: entweder Rußland den Krieg zu erklären, was mit großen Opfern verbunden war, oder ein Mittel ausfindig zu machen, welches die Ländergier der Kaiserin befriedigte und zugleich für Oesterreich und Preußen Gewinn versprach. So kam man auf den sehr gewagten, damals sagte man „glücklichen Einfall“, Polen zu theilen. Ließe sich dies bewerkstelligen, so erlangte Rußland eine bedeutende Vergrößerung: auch Preußen und Oesterreich erhielten einen Zuwachs an Gebiet und Macht, — ohne sich selbst herumzuschlagen, würden alle Drei befriedigt. Der grausame Einfall, ein Nachbarland zu zerreißen und Stücke desselben unter sich zu vertheilen, war dadurch nur möglich geworden, daß die unglückliche Republik zu schwach war, um zu leben, und doch noch zu kräftig, um zu sterben; zudem hielt damals schon Maria Theresia einen Theil des Landes besetzt, die sogenannte Zipser Geispannschaft, welche sie für die Krone Ungarn beanspruchte. Auch König Friedrich von Preußen fand, daß er Ansprüche an Polen habe, die durch ein Alter — von achthundert Jahren — sehr ehrwürdig erschienen! Katharina von Rußland wollte gar nichts von Gründen wissen und suchte sich, so gut es ging, mit ihrem Gewissen abzufinden. So kam im Jahre 1772 jener häßliche Vertrag zu Stande, auf Grund dessen ein Theil von Polen losgelöst und unter die drei mächtigeren Nachbarn vertheilt ward.

Ueber alle diese Dinge betrübte sich Maria Theresia im höchsten Grade. Lange verweigerte sie ihre Zustimmung zu dem bösen Pakte, bis sie endlich, von Josef und Kaunitz bestürmt, an den Letzteren u. A. Folgendes schrieb: „Als alle meine Länder angefochten wurden, und ich gar nit mehr wußte, wo ich ruhig niederkommen sollte, steiffte ich mich auf mein gutes Recht und den Beistand Gottes. Aber in dieser Sach, wo nit allein das offenbare Recht himmelschreiet wider uns, sondern auch alle Billigkeit und die gesunde Vernunft wider uns ist, muß ich bekennen, daß zeitlebens nit so geängstiget mich befunden, und mich sehen zu lassen schäme. Bedenk der Fürst, was wir aller Welt für ein Exempel geben, wenn wir um ein elendes Stuk von Polen Ehr und Reputation in die schanz schlagen. Ich merkt woll, daß ich allein bin, und nit mehr en vigeur, darum lasse ich die Sachen, jedoch nit ohne meinen größten Gram, ihren Weg gehen.“ Die Kaiserin gab endlich ihr „placet“, weil so viele große und gelehrte Männer es wollen; wenn ich aber schon längst todt bin, wird man erfahren, was aus dieser Verletzung an allem, was bisher heilig und gerecht war, hervorgehn wird."

Nachdem man schließlich alle Bedenken überwunden, nahm Friedrich II. das sogenannte polnische Preußen (mit Ausnahme der Städte Danzig und Thorn), ungefähr 600 Q.-M. mit 600,000 Einwohnern; Rußland fiel der Löwenantheil der Beute zu, die östlich gelegenen Theile Polens, etwa 2600 Q.-M. mit ungefähr 3,000,000 Seelen. Oesterreich erhielt Galizien und Lodomirien, 1200 Q.-M. mit fast 3,000,000 Bewohnern. Der Besitzstand von 9000 Q.-M., der den Polen noch verblieb, sollte denselben für alle Zeiten gewährleistet werden. Aber die theilenden Mächte sorgten schon dafür, daß in dem unglücklichen Nachbarlande keinerlei Veränderungen vor sich gehen durften, wodurch sich dasselbe hätte wieder stärken und zu neuem Gedeihen gelangen können. — Durch weiteren Erwerb rundete sich einige Jahre später das gewonnene neue Königreich Galizien im Osten durch einen fruchtbaren Länderstrich ab, die Bukowina, welche von dem in die Enge getriebenen Sultan, um wiederholten Forderungen und Quälereien ein Ende zu machen, Oesterreich überlassen wurde.

Als denkwürdigstes Ereigniß jener Zeit ist die Aufhebung des Jesuitenordens noch anzuziehen. In Oesterreich hatte sich die Gesellschaft Jesu längst vielfach verhaßt gemacht und schon unter Ferdinand I. durch Unduldsamkeit die Erbitterung aller Mildgesinnten jeder Konfession erregt. In den folgenden Zeiten war es alsdann die Gefährlichkeit ihrer Lehren, welche sich bis zu Entschuldigung des Fürstenmordes verstiegen. Die Erbitterung gegen dieselbe datirte nicht erst aus der letzten Zeit. Die eigenthümlichen Moralgrundsätze, zu denen sich die Jesuiten bekannten, die schlimmen Einmischungen, die sie sich allerwege zu Schulden kommen ließen, endlich ihre unersättliche Habsucht und die widerwärtigsten Arten von Erbschleicherei und Unsittlichkeit, welche man ihnen allgemein zum Vorwurf machte, hatte ihre Ausweisung in fast allen Staaten Europa's zur Folge. Sie geriethen zuerst in Portugal in schlimme Händel mit dem gewandten Minister Pombal, einem ihrer unversöhnlichsten Feinde, der sie im Jahre 1759 als Hochverräther aus dem Lande jagen ließ: hierauf erfolgte ihre Austreibung 1764 in Frankreich auf Antrieb des Ministers Choiseul, ihre Verbannung aus Spanien, Neapel, Parma und Malta (1767), worauf Papst Clemens XIV. die Aufhebung des Ordens in allen Staaten der Christenheit aussprach.

Hierzu würde Maria Theresia kaum ihre Einwilligung gegeben haben, wenn nicht der heilige Vater den ganzen Umfang seiner kirchlichen Gewalt in Anwendung gebracht und der Kaiserin vorgestellt hätte, daß sie durch hartnäckigen Widerstand gegen die Kirche ihr Gewissen belaste, „denn diese sei mit der göttlichen Autorität bekleidet und halte die Schlüssel des Lebens und Todes in den Händen." Damit war in Oesterreich die Bahn des Fortschrittes auch auf kirchlichem Gebiete betreten.

Nachdem Galizien der Kaiserin gehuldigt, bereiste Josef II. in Begleitung des Generals Pellegrini und zweier hoher Offiziere aufs Neue Ungarn
und Siebenbürgen und kam bei dieser Veranlassung auch nach Galizien. Die
ersteren Provinzen bedurften am meisten der landesväterlichen Fürsorge,
denn kein Theil der Monarchie befand sich in solcher Verwahrlosung und
Barbarei als gerade sie. Unzählige Bittgesuche und Eingaben wurden dem
fürstlichen Reisenden unterwegs eingehändigt: sie schilderten in den grellsten
Farben die Noth des Volks, der Josef freilich trotz des besten Willens gründlich nicht abzuhelfen vermochte. Erschütternd ist die lakonische Kürze, in welcher ein Landmann sein Elend klagte: „Barmherzigster Kaiser! Vier Tage
Frohndienst, den fünften Tag auf die Fischerei, den sechsten mit der Herrschaft auf die Jagd, der siebente gehört Gott — erwäge, barmherzigster Kaiser!
ob ich noch Steuern und Abgaben entrichten kann.“

Die Jammerscenen verdoppelten sich, als Josef in Siebenbürgen anlangte.
In der Gegend von Hermannstadt warfen sich drei Walachen vor dem Kaiser
nieder und verlangten unter dem kläglichsten Gebaren Hülfe für ihren
neunzigjährigen Vater. Sie würden, sagten sie, von ihrem Grundherrn auf
das Grausamste gemißbraucht und mißhandelt: als dieser vernommen, daß
ihr Vater deswegen eine Bittschrift bei Sr. Majestät einreichen wolle, so
habe er ihn zuerst aufs Unmenschlichste schlagen, dann an Händen und Füßen
binden und in eine unweit der Stadt liegende Zigeunerhütte bringen lassen,
wo der unglückliche Greis nun schon seit mehreren Tagen in Unrath verkomme.

Aus Siebenbürgen begab sich Josef nach dem neuerworbenen Königreich
Galizien. Eine Reise in diesem entlegenen Lande war damals mit den
äußersten Beschwerden verknüpft. Die Gegenden, welche Josef längs der
ganzen nördlichen Grenze von Kaminiek bis Krakau mit den ihn begleitenden
Offizieren zu Pferde passirte, waren fast völlig unwegsam, und eine Reise
durch dieselben nicht ohne Gefahr. Dasjenige, was er hier schaute und
beobachtete, lehrte ihn, welche große Aufgabe auch hier seiner harrte.

In Lemberg warf sich eines Tages eine polnische Dame zu des Kaisers
Füßen und flehete um Hülfe für sich und ihre vielen Kinder, da sie infolge
der andauernden Wirren im Lande in die äußerste Bedrängniß gerathen sei.
Der freundliche Monarch erbat sich die Kleinen zum Geschenk und gab sogleich
Auftrag zur Errichtung eines adeligen Erziehungsstiftes, wo auch jene Kinder
untergebracht wurden.

In allen Provinzen, die der edle Monarch besuchte, wurde vom Volke
sein Name mit Ehrfurcht und Liebe genannt. Man wußte, er komme nicht
müßiger Neugierde halber, sondern wie ein guter Engel, um zu trösten und
zu helfen, um Nothstände kennen zu lernen und solche zu heben. Daher
strömte die Menge allerorten zusammen, sobald seine Ankunft bekannt wurde.
Er aber ließ dann langsam fahren und begrüßte freundlich das Volk, dem er
sein Leben geweiht hatte.

In Warasdin versammelten sich auch eines Tages um ihn Stadt- und Landbewohner. Hierselbst überragte ein Dorfrichter den gewöhnlichen Menschenschlag um einen ganzen Kopf. Der Kaiser winkte ihn zu sich, besah das Enakskind von oben bis unten und fragte ihn, wie viel Schuh (Fuß) er habe (messe). Der ländliche Konsul, die Frage wörtlich nehmend, versetzte treuherzig: „Zwei Paar, Herr Kaiser, ein Paar Stiefeln und ein Paar Schuhe." Lachend befahl Josef, dem ehrlichen Manne drei Dukaten zu reichen, damit er sich dazu auch ein Paar Pantoffeln kaufe.

Wie der Monarch hier über das ergötzliche Mißverständniß lachte, so ertrug er anderwärts mit gleicher Heiterkeit unvermeidliche Uebelstände. Nach einer anstrengenden Tagereise durch die unwegsamsten Theile Galiziens kam er eines Abends mit mehreren hohen Offizieren in eine schmuzige Judenherberge, wo nichts Genießbares vorräthig war. Er verabredete sich mit seinen Begleitern, daß Jeder im Dorfe Eßwaaren auftreiben und daß daraus ein Mahl zusammengesetzt werden solle. Man schaffte darauf Eier, Butter, Mehl, Brot und Obst herbei und der Kaiser bereitete selbst einen Eierkuchen, der, obgleich elend gerathen, doch sammt den übrigen Beutestücken unter großer Fröhlichkeit aufgezehrt wurde. „Hunger ist der beste Koch", meinte der Kaiser.

Die Zeit von 1773 bis 1777 ist in der Geschichte Josef's II. nicht besonders reich an Denkwürdigem, denn Maria Theresia hatte es, wie schon oben erwähnt, für gut gefunden, den Wirkungskreis ihres Sohnes noch mehr zu beschränken. Doch fand dieser immer noch hinreichend Gelegenheit, seine unermüdliche Thätigkeit der Verbesserung des Heerwesen und anderen zweckmäßigen Anordnungen, die ihm den Beifall der Aufgeklärten erwarben, zu widmen. Im Jahre 1774 stieg das Kärntnerthortheater (Opernhaus) aus dem Schutte wieder auf, und das Burgtheater arbeitete sich, Dank der fortdauernden Pflege des Kaisers, zu einer Nationalbühne empor. Josef und sein Rathgeber Freiherr Josef von Sonnenfels sind als die Gründer dieser berühmten, lange Zeit in Deutschland einzigen Anstalt zu betrachten. Der eben erst genannte kaiserliche Vertraute war es auch, welchem es am 1. Januar 1776 nach fußfälligem Bitten gelang, Maria Theresia zur Abschaffung der grausamen Tortur zu bewegen. Er hat sich dadurch ein unsterbliches Verdienst um die Menschheit erworben, und der rührende Augenblick, wo er mit Thränen im Auge zu den Füßen seiner Fürstin liegt, verdiente wol eine Verewigung in der Geschichte Oesterreichs. Auch Josef II. gebührt ein Antheil an diesem preiswürdigen Werke.

Josef übernimmt die Pathenstelle beim Kinde des Postmeisters.

4. Josef in Paris.

Seit der Theilung Polens hatte das gute Einvernehmen zwischen den Kabineten von Wien und Paris gelitten, obgleich seit 1770 die liebenswürdige Schwester Josef's, Marie Antoinette, Gemahlin des französischen Königs war. Der Herstellung besserer Beziehungen sollte ein nächster Ausflug Josef's im Jahre 1777 gewidmet sein. Nachdem er vorher Theile Deutschlands durchstreift und dem sonnigen Italien wiederholt einen Besuch abgestattet, bestimmte er Frankreich als nächstes Reiseziel.

Selten hat der Zug eines Monarchen mit dem glänzendsten Gefolge so viel Aufsehen in Europa erregt, als die prunklose Reise Josef's durch Deutschland nach Frankreich: selten wurde ein Fürstenname bei solcher Gelegenheit mehr gefeiert, wie der des Kaisers Josef als Grafen von Falkenstein. Er trat am 1. April 1777 in Begleitung der Grafen von Cobenzl und Colloredo mit geringem Gefolge seine Reise an. Während er sich fast allen Landstraßenplagen aussetzte, dabei vermied, Aufsehen zu erregen, und weder auffallende

Vorbereitungen noch feierliche Anstalten zu seinem Empfange und seiner Bequemlichkeit duldete, verbreitete die geschwätzige Fama, die ihn mehr als irgend einen Sterblichen belästigte, unzählige Anekdoten über den so bescheidenen Reisezug des Kaisers der Deutschen durch ganz Europa. Die Vereinigung kaiserlicher Großmuth mit der Bescheidenheit eines Privatmannes war Ursache, daß Josef II. sein Inkognito nicht immer streng durchführen und auch die Huldigungen, welche ihm begegneten, nicht stets von sich weisen konnte.

Zuweilen erlaubte man sich auch den Kaiser auf eine höchst angenehme Weise zu mystifiziren, was besonders einem deutschen Fürsten sehr wohl gelang. Derselbe ließ ein schönes und bequemes Haus wie ein Gasthaus einrichten und über das Thor mit großen Buchstaben die Aufschrift „Hôtel impérial“ befestigen. Er selbst erschien als Wirth und übertrug seinen Hofkavalieren das Geschäft der Kellner. Der Kaiser als Graf von Falkenstein sah sich so vortrefflich bewirthet, daß er den neuen Gasthof als einen der besten im ganzen Deutschen Reiche im Gedächtniß behielt. Ueberaus befriedigt nimmt Josef wieder in der Kaiserkutsche Platz, welche bereits mit den trefflichsten Pferden bespannt ist. Der Reichsfürst selbst erwartet den Passagier in einer neuen Verkleidung als Postillon, mit großen Stiefeln, einer alten zerzausten Perrücke und in abgeschabten Kleidern. Kutscher und Pferde thun jedoch das Ihrige: mit reißender Schnelligkeit wird der Weg bis zur nächsten Station zurückgelegt. Der Graf von Falkenstein mußte sich gestehen, daß er nie besser gefahren worden sei, und da sich der Postillon als ein munterer Bursche gezeigt hatte, so fragte man ihn, ob er wol noch eine Station weiter fahren wolle. Einen Trunk nur erbat sich der willige Kutscher, und dann ging's wiederum weiter. Auf der folgenden Postmeisterei wird der gefällige Rosselenker nun mit einer Handvoll Dukaten beschenkt, worauf dieser sammt seinen Pferden davonjagt. „Noch bin ich von keiner Post so gut bedient worden“, sagte der Graf von Falkenstein zum Postmeister der nächsten Station. „Wol möglich“, antwortete dieser, „Se. Durchlaucht hat selbst Sie bedient.“

Der Kaiser hatte die Grenzen des Reichs überschritten. Während er jenseit derselben unerkannt einer Hochzeit beiwohnte, und es den hochbeglückten Brautleuten überließ, an dem kaiserlichen Hochzeitsgeschenke zu errathen, wer ihr Gast gewesen, wohnte er auf französischem Boden auf Einladung eines Postmeisters dessen Kindtaufe bei und übernahm bei dem Neugeborenen die Pathenstelle. Von dem Geistlichen um seinen Namen befragt, gab er diesen kurzweg als „Josef“ an: auf die nächstfolgende Frage nach Stand und Charakter antwortete er „römisch-deutscher Kaiser“. Als die bestürzten Leute nun den hohen Rang ihres Gevattermannes erfuhren, kostete es nicht wenig Mühe, die Bestürzten zu beruhigen.

Endlich in Frankreichs Hauptstadt angelangt, empfingen den hohen Reisenden seine Schwester, die Königin Marie Antoinette, sowie deren Gemahl Ludwig XVI. aufs Herzlichste und unter großen Festlichkeiten.

Josef und Marie Antoinette bei der Aufführung des „Oedipus."

Bald war sein Name von den Parisern, unter denen er sich mit Leichtig=
keit und mit Herablassung bewegte, ein allgemein gefeierter. Die Zeitungen
beschäftigten sich mit seinem Ruhme, im Theater ward er mit begeistertem Zu=
ruf empfangen, und als bei der Vorstellung von Voltaire's „Oedipus" die
Stelle vorgetragen wurde:

> Ein König, größer als das Schicksal ihn gemacht,
> Verschmäht er hohen Sinns des Hofes leere Pracht.
> Um seinen Wagen ist der Krieger dichte Menge
> Niemals zum Wall geschaart in nichtigem Gepränge,

Und durch die Flut des Volks, das seiner Macht gehorcht,
Geht er allein dahin, wehrlos und unbesorgt.
Achtung und Liebe sind des Herrschers beste Stützen,
Die stärker als Gewalt ihn tragen und beschützen!

da erhob sich die ganze Versammlung und brach in den Ruf aus „Es lebe
der Kaiser!" — Die Bevölkerung strömte überall zusammen, den Gefeierten
zu sehen, während er oft in einem gemietheten Fiaker unerkannt durch die Menge
fuhr. Dem Jubel des Volkes, wenn es ihn erkannt, ging er gern aus dem
Wege und zog es vor, die ausgezeichnetsten Männer und die Merkwürdigkeiten der Hauptstadt, besonders ihre großartigen Anstalten und Denkmäler,
kennen zu lernen. Leutselig unterhielt er sich mit den ihm Begegnenden. Vor
der Bildsäule Heinrich's IV. auf der Neubrücke (pont neuf) stand er lange
mit entblößtem Haupte. Er las und las immer wieder die Aufschrift: „Pater
patriae" (Vater des Vaterlandes). Das war der Ehrenname, nach welchem
er selbst geizte, und den ihm auch, nachdem Unverstand und Vorurtheile
überwunden sind, die dankbare Nachwelt gespendet hat.

Der Kaiser hielt sich sechs Wochen in der Hauptstadt Frankreichs auf
und blieb jener Einfachheit getreu, welche das Volk als Anzeichen guter
Eigenschaften eines Herrschers betrachtet. Er bewohnte in einem Hotel garni
ein Zimmer, welches sich kaum für einen seiner Hofbedienten schickte. Wenn
er sich nach Versailles begab, brachte er bisweilen durch plötzliche Ueber-
raschungen seinen Schwager, den König, in die größte Verlegenheit. Zuweilen wohnte er seinen Diners in der Mitte der geladenen Gäste gleich
einem Fremden bei; er wartete auf eine Audienz in den Vorzimmern, bis die
Reihe an ihn kam, ohne sich besonders anmelden zu lassen, und achtete dergestalt die Rechte Derer, welche vor ihm gekommen waren.

Die Werkstätten der Maler und Bildhauer im Louvre, die Tapeten-
manufakturen der Gobelins, die Seifensiederei, die königliche Porzellan-
fabrik und alle übrigen Anstalten der Industrie und Kunst wurden von
Josef mit der Aufmerksamkeit eines geübten Kenners geprüft und unter-
sucht. Auch war er es, der zuerst die Aufmerksamkeit des Publikums und des
Hofes auf eine Taubstummenanstalt lenkte, die der treffliche Abbé de l'Epée
errichtet hatte, in welcher dieser tugendhafte Geistliche sich bemühte, jenen Unglücklichen die Wohlthaten der menschlichen Gesellschaft theilhaftig zu machen.
Sein Besuch derselben ist besonders dadurch denkwürdig, daß er Anlaß gab
zur Errichtung der trefflichen Taubstummenanstalt in Wien.

· Ungeheuchelte Hochachtung erwies Josef den Gelehrten und Berühmt-
heiten Frankreichs, u. A. dem großen Naturforscher Grafen Buffon, bei
dem er längere Zeit in angenehmer Unterhaltung verweilte. Auch der bizarre
Rousseau erfreute sich eines unvermutheten Besuches. Bekanntlich lebte
dieser Sonderling, in dessen Gemüth sich erhabenes Gefühl und krankhafte
Verstimmung mit unmäßiger Eitelkeit und Seltsamkeit mischten, von Noten-
schreiben und Komponiren. Der Kaiser fand ihn bei dieser Beschäftigung

und konnte seine Verwunderung nicht unterdrücken, daß ein so vorzüglicher Schriftsteller auf solche Weise sein Brot suchen mußte. „Aber, was ist zu thun?" erwiederte der menschenscheue Philosoph, „ich habe lange den Franzosen Gelegenheit gegeben, zu denken, aber es war umsonst, sie dachten nicht! Jetzt gebe ich ihnen Gelegenheit zu singen, und siehe da! — sie singen lieber!"

Wie sehr sich auch seine Schwester, die Königin, dagegen sträubte — er that es nicht anders und suchte auch die Bekanntschaft eines zu Paris anwesenden anderen gefeierten Mannes, des Amerikaners Benjamin Franklin, zu machen. Dieser war über den Ozean gekommen, um Frankreich zu bewegen, die Freiheit und Selbständigkeit seines Vaterlandes zu begünstigen, indem es den in Aufruhr gegen das Mutterland befindlichen amerikanischen Kolonien Englands Beistand leiste und für sie öffentlich Partei ergreife. Der Kaiser mußte sich hüten, seine Aufmerksamkeit für den berühmten Bürger Amerika's zu auffällig erscheinen zu lassen. Um den ehrwürdigen Franklin riß sich damals halb Paris, aber der schlichte Sohn der Neuen Welt that, gleich Josef, alles Mögliche, um sich den Huldigungen zu entziehen, die das erregte Paris seiner Tugend darbrachte.

Die beiden Männer sahen, erkannten und verständigten sich, der hochgeborene mächtige Gebieter eines Theiles von Europa und der einfache Mann eigener Kraft. Franklin übergab dem Kaiser Aufzeichnungen aus seinem Leben mit den Worten: „Das, was ich erlebt, erkannt und erstrebt, steht hier Alles so niedergeschrieben, als habe es gar keine Mühe gemacht. Und doch hat es Arbeit und Mühsal genug bereitet. Ich wünsche nichts sehnlicher, als Anderen geholfen zu haben, den rechten Weg leichter zu finden, wie ich. Was ich mein ganzes Leben geübt, besteht darin, den Weg zur Tugend zu erkennen. Es giebt eine Tugendkunst. Die Tugend ist zwar weder eine Naturgabe, noch wird sie durch Beten und Ringen erworben, wenn auch Beides dazu hilft; sie will geübt sein, indem man sich selbst die äußerste Pflichterfüllung auferlegt und die strengste Aufrichtigkeit von sich selbst fordert. Erreicht man auch dann nicht Alles, indem man nicht alle Fehler abzulegen vermag, so lernt man sich eben begnügen mit dem, was man vermag."

Lange sprachen die beiden tugendhaften Männer hin und her, ungestört und traulich. „Ja, wir sind Brüder im Geiste", rief Josef in gehobenem Tone begeistert aus, „wenn auch verschiedenen Ländern und verschiedenen Religionen angehörig und verschiedenem Berufe zugewandt."

„„Wir sind Brüder schon aus der Zeit des alten Bundes""", entgegnete Franklin lächelnd: „„„mein Bruder Josef ist ein gewaltiger, ein großer König geworden, Benjamin, der jüngere (in Wahrheit jedoch der ältere) dagegen ist ein einfach schlichter Mann geblieben.""" — Josef lächelte freundlich und sprach: „Sagen Sie, wie ist es möglich, daß es Kirchen und Priester geben kann, die den Bruder vom Bruder trennen! Wir Beide stehen eins vor Gott. Wissen Sie, welches die größten Uebelthäter der Menschheit sind?"

„„Wen halten Sie dafür?““

„Diejenigen, welche die Menschen durch die Religion trennen wollen, die doch Alle vereinigen sollte. Die Geistlichen müßten Diejenigen sein, welche die Menschen am meisten beglücken, und nur Friede und Liebe hervorrufen sollten: statt dessen erscheinen sie so oft verfolgungssüchtig und gehässig gegen Andersglaubende und verfinstern den Geist."

„„Wohl!"" erwiederte Franklin. „„Gerade weil der Beruf der Geist-lichen der höchste und heiligste ist, darum wird er so verderblich, wenn sie ihn ins Gegentheil verkehren. Es giebt vielleicht kein Mittel, die Gewalt der Kirche zu brechen, aber es giebt wol ein Mittel, sie zu erobern und uns zuzuwenden."“

„Und das wäre?"

„„Die Religion auf die Vernunft, die Staatsgesetze auf die Macht und den Boden der Sittlichkeit zu gründen und nicht auf die Gewalt. Die Frei-heit, die Ehre, die Menschenliebe, alle Tugend muß ihre Heimat im Staate, im thätigen Leben finden. Dann ist alles Dasein lichterfüllt; der Sonntag ist nicht mehr allein geheiligt, jeder Werktag ist es, Treue und Glauben und Rechtschaffenheit herrschen im Handel und Wandel und in jeglichem Thun. Es herrscht kein Mensch mehr über einen Anderen, es herrscht das Gesetz und in dem Gesetze die sittliche Macht, — der zur freien Flamme gewordene reine Gottesfunke, der unser Herz erwärmt und unseren Verstand erleuchtet."“

„O, dies wäre das himmlische Reich, das wir auf Erden schüfen", rief Josef, legte beide Hände auf die Schultern des Greises und sah in sein glän-zendes Antlitz. „Wir wollen arbeiten und nicht müde werden, es zu ver-wirklichen: ein Jeder auf seinen Posten .... Leben Sie wohl, Bruder Benjamin."

„„Leben Sie wohl, Bruder Josef!"" antwortete der Greis, und die beiden Edlen, welche einander so werth waren, umarmten einander und schie-den für immer. (B. Auerbach nacherzählt.)

— — —

Paris war nun von dem Grafen Falkenstein, unter welchem Namen sich Josef auch dort befand, nach allen Richtungen durchmustert. Die feinen Hofsitten der damaligen Zeit vermochten nichts über Josef; — obgleich in denselben wohlbewandert, zog er doch immer vor, aufrichtig und natürlich zu bleiben, weshalb man am Pariser Hofe fand, daß der deutsche Kaiser doch etwas zu offenherzig und geradeaus erscheine. Selbst Marie Antoinette glaubte Ursache zu haben, sich über ihres Bruders Reden, die besonders ihre Toilette, ihre Verschwendung und ihren Hofstaat trafen, beklagen zu dürfen.

Auch den Hofleuten hatte diese oder jene Bemerkung des Kaisers miß-fallen, dessen Scharfsinn es nicht entgangen war, daß Frankreich, welches so große Männer hervorgebracht, seinen Ruhm und die Hochachtung der dama-ligen Welt nicht in dem Grade verdiene, welchen man von aller Welt forderte.

Zusammenkunft Kaiser Josef's II. mit Benjamin Franklin.

Leipzig: Verlag von Otto Spamer.

Daher fand sein gerader, deutscher Charakter in Frankreich keine gerechte Würdigung und warme Sympathie, und so erreichte er auch in politischer Beziehung nicht, was er gewünscht. Die gegenseitige Verstimmung war daher nicht gewichen, sie dauerte vielmehr fort, nach wie vor. Mißmuthig verließ Josef Paris, um die französischen Provinzen kennen zu lernen.

Zunächst ging die Reise nach der Normandie; von hier aus ward das südliche Frankreich besucht, wo ihn, wie auf allen seinen Wegen, Huldigungen und Schmeicheleien umfingen. Er blieb jedoch auch hier seiner Gewohnheit getreu: er suchte alles Aufsehen zu vermeiden und schlief gewohntermaßen am liebsten auf seiner Hirschhaut. In Lyon erwiederte er Jenen, die ihn einluden, das Theater zu besuchen: „Ich bin nach Lyon gekommen, um die Fabriken zu sehen. Zeigt mir das bei der Arbeit thätige Volk dieser Stadt." Hier setzte er seiner Reise ein Ziel, es zog ihn nun wieder nach der Heimat.

Der Rückweg ward durch die französische Schweiz angetreten; man erwartete mit Bestimmtheit, daß er hier Voltaire besuchen werde. Da verbreitete sich plötzlich die Nachricht, daß der Kaiser in Genf gewesen und an Ferney vorübergereist sei, ohne Voltaire, den Abgott der Franzosen, der zu seinem Empfange große Vorbereitungen gemacht hatte, gesehen zu haben. Man erschöpfte sich in Vermuthungen über diesen Kaltsinn eines Fürsten, der kurz vorher den berühmten Saussure gesprochen und auf allen seinen Reisen Männer von Verdienst, Gelehrsamkeit und Geistestiefe ausgezeichnet hatte. — Tugendhafte Männer, wie Franklin, Haller, Lavater, ja, das waren Leute, zu denen der Kaiser sich hingezogen fühlte; aber bei aller Freisinnigkeit mochte ihn die Philosophie des leichtfertigen Frankreichs und ihres bedeutendsten Vertreters, der so leicht bei der Hand war, das Göttliche in den Staub zu ziehen, mehr abgestoßen wie angezogen haben. Dagegen suchte er in Bern den eben genannten würdigen greisen Haller auf und verlebte, wie er selbst sagte, in dessen Studirstube eine glückliche Stunde. Trotz sehr geschwächter Gesundheit hatte der Geist des trefflichen Schriftstellers gleichwol nichts an Lebhaftigkeit verloren. — Gleicher Auszeichnung würdigte der Kaiser den geschickten Kupferstecher Mechel, welcher ihm von Waldshut bis Schaffhausen auf der Reise Gesellschaft leistete. In Waldshut machte Josef durch ihn die Bekanntschaft des trefflichen Lavater. Man sprach vorzüglich und eingehend über pädagogische Gegenstände und insbesondere über die Einrichtung des Waisenhauses zu Zürich. So suchte Josef im Umgang mit Männern von Verdienst seine Kenntnisse zu vermehren und seinen Gesichtskreis zu erweitern, während er gehaltlose Schriftstellerei und Stubengelehrsamkeit geringschätzte und Leute dieser Art nicht selten mit beißendem Spott übergoß.

Den 29. Juli befand sich Josef wieder in Freiburg auf deutschem Boden und am 1. August traf er, gefördert in seinem Wissen und voll guten Muthes, wieder in Wien ein.

5. Der Bayerische Erbfolgekrieg. Neue große Pläne und Reisen. Ableben von Maria Theresia.

„L'appetit vient en mangeant" sagt der Franzose. Und in der That kommt in der Regel der Appetit mit dem Essen. Da die Polen in ihrer Zerrissenheit die Zerstückelung ihres Landes über sich hatten ergehen lassen und selbst der sonst so sehr gefürchtete Großherr zu Konstantinopel sich schwach und nachgiebig gezeigt hatte, so war in Josef der Muth und das Verlangen emporgestiegen, gegen minder mächtige Nachbarn in gleicher Weise vorzugehen. Der Kaiser soll sogar Friedrich II. den Vorschlag zur Theilung Deutschlands gemacht haben. Der alte König von Preußen jedoch, mehr darauf bedacht, das sicher zu stellen, was er erworben, als neue Eroberungen zu machen, erschrak über des Kaisers ausschweifende große Pläne und that das Gegentheil von dem, was Josef wünschte: er verbündete sich nicht mit dem thatenlustigen jüngern Monarchen, sondern trat dem Vergrößerungsversuch Josef's II. mit aller Kraft entgegen.

Was bisher nur zu befürchten stand, nahm bald greifbare Gestalt an. In Bayern starb im Dezember 1777 der wackere Kurfürst Maximilian Emmanuel. Da er keine Leibeserben hinterließ, so fielen Land und Leute von Rechtswegen an Karl Theodor, Kurfürsten von der Pfalz, aber auch dieser hatte keine rechtmäßigen Erben: und so mußte für den Fall des Todes des letzteren der damalige Herzog von Zweibrücken, aus einer andern Linie des Hauses Wittelsbach, zur Regierung gelangen. Diese Umstände beschloß Kaiser Josef klüglich zu benutzen, um wo möglich das ganze schöne Nachbarland für sich zu gewinnen. Zunächst erhob er nun Anspruch auf die größere und bessere Hälfte des Kurfürstenthums, die kleinere nebst den Schulden wollte man schon Karl Theodor überlassen. Wirklich hatte Letzterer in dieses Abkommen schon gewilligt, als Friedrich II. dazwischen trat und die andern deutschen Fürsten, welche gleichfalls auf das bayerische Land oder Theile desselben Anspruch machten, ermuthigte, sich mit ihm zu verbinden und den Absichten des Kaisers sich zu widersetzen. So unterstützten jene Erbberechtigte, nämlich der Kurfürst von Sachsen (ein Neffe des verstorbenen Kurfürsten von Bayern), der erwähnte Herzog von Pfalz-Zweibrücken sowie der Herzog von Mecklenburg die Abwehrungen, welche Friedrich II. gegen des Kaisers Begehrlichkeit richtete. Oesterreich schien jedoch entschlossen, seine Ansprüche auf Bayern im Nothfall auch mit den Waffen in der Hand unterstützen zu wollen.

Bald nach Friedrich's Einspruch in die bayerische Erbfolge-Angelegenheit rüstete es mit ungewöhnlicher Schnelligkeit. Josef's Energie zeigte sich jetzt in glänzender Weise, indem sie im österreichischen Heere ein plötzliches und entschiedenes Aufrassen bewirkte, das in den Zeiten der kriegsunkundigen, mehr friedliebenden Maria Theresia ohne Beispiel dastand. Europa, bisher gewohnt, solche rasche Entschlossenheit nur von Friedrich II. ausgehen zu sehen, bemerkte zu seinem Erstaunen, daß die Rollen plötzlich wie vertauscht erschienen. Der König von Preußen war kein Jüngling mehr. Das Alter hatte ihn niedergebeugt, doch vom Ruhme seines Lebens wollte er nichts einbüßen. Er stürzte sich daher nicht so leicht in bedenkliche Abenteuer, während Josef die Zeit nicht erwarten konnte, welche ihm den Lorbeer des siegreichen Feldherrn um die Schläfe winden würde. Infolge jenes Eifers sah man plötzlich zur Verwunderung Aller in Böhmen ein wohlgerüstetes Heer erstehen, bereit gegen Schlesien vorzubrechen, bevor Friedrich, der noch immer auf einen friedlichen Ausgleich hoffte, sich nach der Grenze zu in Bewegung setzte.

Als aber Worte und Vorstellungen nichts mehr fruchteten, erklärte der alte König nun vorrücken und ernstlich mit dem Schwerte in der Hand darthun zu wollen, daß ohne Preußens Zustimmung hinfüro im Reiche nichts mehr auszurichten sei. Friedrich setzte sich, wiewol hochbetagt, selbst nochmals an die Spitze seines Heeres und wendete sich dem bedrohtesten Punkte Schlesiens zu.

Von der andern Seite kamen die Oesterreicher mit großer Heeresmacht und lagerten sich in Böhmen, vornehmlich im Königgrätzer Kreise. Alle Welt erwartete nun, daß der ehrgeizige junge Kaiser den Kampf energisch beginnen und ausfechten werde. Indeß es kam nicht dazu.

Allerdings ward wol hin- und hermarschirt, hier und da fanden auch Scharmützel statt. Dabei kostete das unentschiedene Hin- und Hermanövriren

3*

Geld genug und einer Menge Leute Leben und Gesundheit. Aber zu kräfti=
gem Dreinschlagen konnte man sich nicht entschließen: denn wie Friedrich II.,
so wollte auch die Kaiserin Maria Theresia in ihren alten Tagen Glück und
Ansehen nicht noch einmal auf die Spitze des Schwertes stellen.

Außer diesen nahe liegenden Gründen bewog die Kaiserin noch eine
andere Rücksicht, den Konflikt nicht weiter gedeihen zu lassen. Es stand näm=
lich eine Einmischung Rußlands zu befürchten. Katharina II. ließ nämlich
um diese Zeit dem Wiener Hof die Eröffnung machen, daß sie, die Zarin,
Maria Theresia sowie den Kaiser Josef einlade, sich freundschaftlich auf eine
den Reichsgesetzen gemäße Weise mit dem König von Preußen zu verständi=
gen, weil im entgegengesetzten Falle Rußland sich verbunden erachte, ernstlich
auf das Bedacht zu nehmen, was seinen Interessen sowie denjenigen der
Fürsten, welche seine Freundschaft und Hülfe nachgesucht hätten, fromme.
Damals bestanden zwischen Preußen und Rußland solche freundschaftliche
Beziehungen, daß zu erwarten stand, die russischen Truppen könnten sich mit
den preußischen vereinigen, wenn die Kaiserin nicht die Hand zum Frieden
böte. Maria Theresia hemmte also den raschen Sinn des Sohnes und den
kühnen Muth des tapferen Laudon, welcher hoffte, diesmal mit besserm Erfolg
dem alten Heldenkönig gegenübertreten zu können. Josef, der von Kampflust
brannte, versuchte vergebens Vorstellungen. Die Kaiserin hielt das Szepter
noch fest in der Hand, und so that des Sohnes Thatenlust der Sache des Frie=
dens keinen Abbruch: vielmehr wurden zwischen Preußen und Oesterreich Ver=
handlungen angeknüpft, die langsam fortschritten, schließlich aber doch zu
Teschen während des Mai 1779 im Frieden zum Abschluß gelangten. Hier=
durch ward bestimmt, daß Karl Theodor ganz Bayern erhalten sollte, mit Aus=
nahme des sogenannten Innviertels, ungefähr des sechzehnten Theiles des
bayerischen Besitzstandes; dieses sollte an Oesterreich fallen; Friedrich August
von Sachsen ward für seine Ansprüche mit sechs Millionen rhein. Gulden; der
Herzog von Mecklenburg dadurch abgefunden, daß seine Unterthanen nicht
mehr an die kaiserlichen Gerichte zu appelliren brauchten. Der König von
Preußen begnügte sich mit der kostspieligen Ehre eines Schiedsrichters in die=
ser wichtigen deutschen Angelegenheit.

Josef hatte bis in die letzte Zeit die Lage der Dinge von einem ganz
andern Gesichtspunkte aus betrachtet. Er hielt die Gelegenheit für günstig,
Preußen zu demüthigen und die Schmach der früheren Kriege zu tilgen. In
diesen Betrachtungen sah er sich durch Kaunitz und Lascy lebhaft unterstützt.
Deswegen empfand er es als eine ihm widerfahrene Kränkung, als Maria The=
resia im Geheimen einen Vertrauten, den Freiherrn von Thugut, an Friedrich II.
abgesendet hatte, um mit diesem über die Bedingungen, unter welchen man
zum Frieden kommen konnte, unterhandeln zu lassen. Josef's Unmuth stei=
gerte sich jedoch bis zur höchsten Erregung, als er die eben angeführten Bedin=
gungen erfuhr. Er hielt sie für so wenig ehrenvoll, daß er gegen seine Vertrauten

erklärte, er werde nie sich bewegen lassen, einen solchen Frieden zu unter-
zeichnen, und im äußersten Falle lieber zu Frankfurt a. M. seine Residenz auf-
schlagen, als nach Wien zurückkehren. Es kostete Mühe genug, den ehrgeizigen Monarchen zu besänftigen und zur Mutter zurückzuführen.

Ruhmlos genug endigte der „Kartoffelkrieg", im Volke so genannt, weil
die vielfach hin- und hergejagten Soldaten sich in Ermangelung besserer Kost
meist nur mit der unblutigen Beschäftigung des Kartoffelbeschaffens und
-Essens befaßten.

Josef hatte diesmal seinem Ehrgeize den Zügel anlegen müssen: das
gute Einvernehmen mit Friedrich II. erkaltete seitdem immer mehr.

War auch nicht die beabsichtigte bedeutende Vergrößerung nach außen
gelungen, so blieb um so mehr zu thun übrig in Bezug auf die innere Kräfti-
gung der Kaiserstaaten. Allem, was hierzu dienen konnte, wandte Josef unermüdlich seine Fürsorge zu. Er sucht das Schul- und Unterrichtswesen nach
Kräften zu heben, vermehrte und verbesserte die Lehranstalten, stiftete ein
Waisenhaus, förderte eifrig Handel und Gewerbe und hielt die Beamten unter
strenger Aufsicht, indem er verlangte, daß jeder Diener des Staates seine
Pflicht und Schuldigkeit thue.

Der Drang, durch große Thaten im Buche der Geschichte zu glänzen,
ließ den Kaiser weder ruhen noch rasten. Ein Jahr nach Abschluß des Friedens zu Teschen sehen wir den Unermüdlichen wieder seine Reisekoffer in
Bereitschaft halten. Denn er hat auf seine weit ausschauenden Pläne keineswegs
verzichtet ihn beschäftigen Gedanken, die, wären sie verwirklicht worden, für
die Machtstellung Oesterreichs von größter Bedeutung hätten werden müssen.

Das entfernte burgundische Erbe, die österreichischen Niederlande, machten
den Kaisern von jeher mehr Sorgen, als sie ihrem Hause Nutzen brachten. Bei
jeder politischen Wandlung verursachte ihre Erhaltung und Beschützung große
Verlegenheiten: bevor sich noch die kaiserlichen Streitkräfte nach Flandern
in Marsch gesetzt, standen bereits die Heere des ländergierigen Frankreichs
auf dem Boden der entlegenen Erblande. Diese nun gegen das benachbarte
Bayern umzutauschen und dergestalt den Besitzstand des Kaiserhauses in der
passendsten Weise abzurunden: solches schien dem Kaiser ebenso begehrenswerth
wie erreichbar, wenn es ihm gelänge, für seine Absichten den nöthigen Rück-
halt an einem mächtigen Verbündeten zu finden. Der Kurfürst von Bayern
war der Idee nicht abgeneigt, aber es stand zu befürchten, daß der alte Friedrich auch diesmal sich einer solchen außerordentlichen Stärkung des Hauses
Habsburg kräftigst widersetzen werde. Deswegen wollte sich Josef II. bei
Zeiten nach einem passenden Bundesgenossen umthun. Er warf seinen Blick
auf Rußland, wo noch die gewaltige Katharina II. das Szepter führte. Dahin
ging die Reise im Jahre 1780.

Am 26. April befand sich Josef wieder unterwegs, auch diesmal unter

angenommenem Namen reisend. Die Provinzen Mähren und Galizien er=
fuhren bei seiner Durchreise erneute Beweise landesväterlicher Fürsorge.

Von der polnischen Grenze an waren, durch Heranziehung vieler Tau=
sende, alle Wege geebnet, mit Blumen bestreut, mit Ehrenpforten und Reisig
geschmückt worden. Dörfer und Städte, fand man des Nachts festlich be=
leuchtet.

Nach dreitägigem Verweilen zu Kiew hörte Josef, die Kaiserin habe sich
auf den Weg gemacht, ihm entgegenzufahren, und nun beeilte er sich Tag
und Nacht, ihr bis Mohilew zuvorzukommen. Schon am 2. Juni langte er
dort an. Die Kaiserin hielt hier am 4. um zehn Uhr Morgens unter dem
Donner der Geschütze und dem Geläute aller Glocken ihren Einzug. Sie
hatte Josef mit größter Sehnsucht erwartet und empfing ihn mit Liebens=
würdigkeit. Er unterhielt sich mit ihr beiläufig eine Stunde insgeheim und
speiste mit ihr gemeinschaftlich während der ganzen Zeit seines Aufenthalts.
Vierzehn Tage später befand sich Josef zu Moskau, freudig begrüßt von
einer Menschenmenge, die aus Nah und Fern herangezogen war. Alle Stra=
ßen und Fenster, an denen der Kaiser vorbeizog, waren von Neugierigen
besetzt. Auf Josef machte die alte, ehrwürdige Hauptstadt Rußlands großen
Eindruck; er war nicht wenig erstaunt über die barbarische Pracht derselben.
Wiewol er sich wenig Ruhe gönnte, langte er doch erst am 27. Juni in Peters=
burg an. Katharina erwartete ihren gern gesehenen Gast in ihrer Sommerresidenz
Zarskoje=Selo, drei Meilen von Petersburg. Nachdem die üblichen Festlich=
keiten, Schauspiele, Paraden, Feuerwerk 2c., überstanden, begaben sich die beiden
mächtigen Herrscher nach Peterhof, einem schön gelegenen Schlosse, vierthalb
Meilen von Petersburg, wo die Newa sich ins Meer ergießt. Hier fanden
Josef und Katharina Muße, sich in Unterhaltungen über die Zukunft ihrer
Reiche zu ergehen, und die Folgezeit bewies, daß es Josef gar trefflich ge=
lungen war, den bisher vorwiegenden Einfluß Preußens zu untergraben.
Ernste Rücksprachen wechselten mit glänzenden Festen. Josef schien nicht
wenig betroffen über das sonderbare Gemisch von Verfeinerung und roher
Pracht, von Größe und Schwäche, welche ihn aller Orten umgaben.

Der kaiserliche Garten war während des Peter=Paulsfestes, das zur
Erinnerung an die Krönung der gegenwärtigen Kaiserin alljährlich zu Peters=
hof begangen wurde, die ganze Nacht hindurch festlich beleuchtet: die großen
Springbrunnen, der Fluß, dessen Fluten sich am Felsen brachen und von
tausend Lampen erleuchtet waren; der Kanal, durch die Mitte des Gartens
bis ans Meer sich ziehend und ganz in Feuer glänzend, sechs festlich erleuchtete
Schiffe auf dem See, Feuerwerk, Musik, Sänger und Sängerinnen — Alles
das vereinigte sich zu einem fast märchenhaften Anblick. Nach dreiwöchent=
lichem Aufenthalte wandte Josef auch Petersburg den Rücken. Der Heimweg
führte über Riga durch Litthauen und Polen nach Zamosk auf österreichischem
Gebiete, wo der Kaiser am 3. August eintraf.

Josef's Vorurtheilslosigkeit, seine feine Bildung und die bezaubernde
Anmuth seines Wesens hatten ihm die Freundschaft der Kaiserin Katharina
gewonnen. Sicher wurde damals schon von beiden Seiten die Verbindlich-
keit übernommen, sich gegenseitig in ihren Plänen und Entwürfen zu unterstützen. Dazu aber, sowie zur Ausführung aller seiner schöpferischen Ideen,
erhielt Josef noch in demselben Jahre volle Freiheit, da Maria Theresia im
November (1780) ihr thatenreiches Leben beschloß.

In treuer Kindespflicht harrte der Kaiser die letzten Tage am Todtenbett
der geliebten Mutter aus. Während der brennenden Hitze, welche Maria Theresia in den letzten Augenblicken ihres Lebens überfiel, versuchte sie eine Bewegung nach Athem und Kühlung, worauf jedoch ein krampfhafter Anfall erfolgte,
der sie gewaltig emporriß. Es schien, als sie sich aufrichtete, als wolle sie
ihren Lehnstuhl verlassen. „Wohin wollen Sie, geliebte Mutter?" fragte der
Kaiser besorgt, da er der Mutter starres Auge erblickte, das zum Himmel gerichtet
war. „Zu dir hinauf — ich komme —!" antwortete die Kaiserin, und sank
leblos zurück. Der Kaiser küßte ihr den letzten Athemzug von den Lippen
und sank, von Schmerz überwältigt, zu Boden.

Der kaiserliche Menschenfreund in den Hütten der Armen.

6. Josef II., der Menschenfreund, auf dem Throne.

Noch nicht vierzig Jahre alt, also im kräftigsten Mannesalter, trat Josef II. am 29. November 1780 die Regierung seiner Staaten an. Er war jetzt Selbstherrscher, aber nicht ein Selbstherrscher, der seine Willkür oder sein Vergnügen zur Richtschnur seiner Handlungen nahm, sondern der die Ueberzeugung hegte, daß er die unumschränkte Macht von Gott erhalten habe, um das übernommene Reich mit seinen 24,000,000 an Bildung und Einsicht, Bedürfnissen und Wünschen so ungleichartigen Bewohnern zu einer höheren Stufe von Wohlfahrt emporzuheben, durch gute und gerechte Gesetze den von ihm in Angriff genommenen Umbau des alten Staatsgebäudes zu festigen und seine Unterthanen durch eine gerechte und weise Regierung zu beglücken.

Schon die Lebensweise des Kaisers zeigt, daß er nicht sich, nicht seine Bequemlichkeit im Auge hatte, sondern einzig und allein das Gedeihen seiner Schöpfungen, das Glück des Volkes. Er stand um fünf, Winters um sechs

Uhr auf und arbeitete in bequemer Morgenkleidung mit seinem Sekretär drei
Stunden, nahm hierauf ein Frühstück, gewöhnlich Kaffee, — in seinen letzten
Lebensjahren Chokolade, — dann kleidete er sich an. Hierauf begab er sich
in das Kabinet, wo er fortfuhr, in Staatsgeschäften zu arbeiten, Berichte der
Minister und anderer Beamten zu lesen und die erforderlichen Verfügungen
zu diktiren. Er hatte dabei eine solche Fertigkeit, und sein rascher Verstand
durchdrang so klar die verwickeltsten Verhältnisse, daß er eine erstaunliche
Masse von Geschäften an einem Tage bewältigte. Da er zugleich die Beschaffenheit der Landestheile und ihre Bewohner kannte, so wußte er jedem
Beamten Wirkungskreis und Verhalten genau vorzuzeichnen.

Von Zeit zu Zeit, etwa nach Ablauf einer Stunde, begab er sich hinaus
auf den anstoßenden sogenannten „Kontrolorgang“, wo allen seinen Unterthanen der freie Zutritt zu seiner Person gestattet war, wo der Hochgestellte
wie der geringste Landmann mündlich oder schriftlich ihre Beschwerden und
Wünsche ihm vortragen durften. Inmitten des Gedränges vieler Hunderte
ward er nicht müde, die oft sehr wunderlichen Gesuche entgegenzunehmen,
die befangenen Bittsteller aufzumuntern, Bedrängten Hülfe zu gewähren,
mitunter auch die Frechheit derb zurückzuweisen. Hier war es, wo die Frau
eines wegen Bankzettelfälschung zu längerer Zuchthausstrafe verurtheilten
Graveurs vor dem Kaiser einen Fußfall that und die trostreiche Antwort erhielt, daß ihre Kinder versorgt werden und sie selbst eine monatliche Unterstützung von einem Dukaten erhalten solle. Der Mann, welcher auf unserem
Bilde hinter ihr steht und die Kniende aufrecht hält, ist der große Tondichter
Mozart, der vom Kaiser zur Audienz beschieden ist, um mit ihm die Kompo-
sition einer Operette zu besprechen: neben demselben, zur Rechten, erblicken
wir den ungarischen Historiographen und Domherrn P. Georg Pray, der
dem Kaiser eine gelehrte Abhandlung überreicht; zur Linken einen jener
Tapferen, die im Siebenjährigen Kriege zum Krüppel geschossen wurden, und
den ungarischen Bauer, der seinem Monarchen erklärt, daß zwar sechs seiner
Söhne schon bei den Fahnen, daß er aber selbst sammt seinem letzten Sohne
Soldat werden wolle, wenn der Kaiser noch mehr Leute gebrauche. An einen
Pfeiler gelehnt, gewahren wir auch die beiden Juden, die dem Kaiser so viel
von ihren Verdiensten vorgeredet hatten, daß dieser erklärte, sie nicht nach ihrem
vollen Werthe belohnen zu können, sondern dies Gott anheimstellen zu müssen.
Links endlich im Hintergrunde, zwischen dem Kaiser und seinem Sekretär Dan-
ton, schaut das Mädchen hervor, das sein Gesuch in französischer Sprache
vorbringt, und dem mit dem ungnädigen Bemerken, „daß sie sich ja nicht in
Frankreich befänden“, der Rücken gekehrt wird.

Der Kaiser hielt seine frugale Mittagstafel, welche eine einzige Köchin
besorgte, je nach dem Drange der Geschäfte, um drei, vier oder fünf Uhr.

Josef speiste fast immer allein und rasch, doch mit gutem Appetit, nachdem er sich vorher zu Pferde oder zu Wagen Bewegung gemacht hatte.

Josef II. im Kontrolorgange.

Er fuhr nur in Begleitung eines einzigen Dieners, weil er gern die Pferde selbst lenkte. Bei übler Witterung räumte er nicht selten Personen, die ihn nicht kannten, einen Sitz in seinem Wagen ein, denn der leutselige Fürst hielt nicht so große Stücke auf den Unterschied der Stände wie der alte Fritz. Doch liebte er gleich seinem Vorbild die Musik. Häufig veranstaltete er Konzerte und spielte dann selbst Klavier oder Violoncell, sang auch wol eine Arie mit seiner wohltlingenden Baßstimme. Abends besuchte er das Theater oder einen Zirkel von mehreren geistvollen Frauen, welche er seine „Fürstinnen" nannte. In dieser Gesellschaft, der auch noch einige Kavaliere beiwohnten, war die Unterhaltung lebhaft und anziehend, aber gespielt wurde nicht. Josef hielt das Spiel für einen Beweis geistiger Armuth. Während dieser Stunden schob Josef die schwersten Sorgenlasten von sich; da vergaß er den Monarchen und war nur Mensch, gemüthlich, geistreich, voll Witz und harmloser Laune. — Uebrigens beseitigte er überhaupt, so viel als thunlich, die steife Etikette. Schon die

Vereinfachung des Hofstaates, der freie Zutritt zu seiner Person, trugen dazu bei. Er erschien aber auch selbst öffentlich ohne das Geleite der adeligen Leib= garde, und das Kniebeugen vor ihm und den andern Gliedern der kaiserlichen Familie verbot er strenge. Seine Unterthanen sollten nicht vor Menschen, sondern nur vor Gott knieen. Dies that er selbst. Wenn ihm ein Priester mit dem Venerabile begegnete, stieg er vom Pferde oder aus dem Wagen und kniete nieder. Als man in Luxemburg nach Herkommen den Thronhimmel über ihn halten wollte, gab er es nicht zu, sondern kniete unter seinem Volke. „Vor Gott", sagte er, „sind die Menschen alle gleich." Seine Frömmigkeit war Sache des Herzens, unabhängig von menschlichen Satzungen. Wenn er dennoch Eingriffe in die altherkömmlichen Rechte der katholischen Kirche sich erlaubte, so geschah dies im Interesse des Staates, nicht aus Gleichgiltigkeit gegen die Religion oder gar aus Verachtung derselben. Daß sein Glaube, dem Geiste des Christenthumes gemäß, ein werkthätiger war, das leuchtet aus unzähligen Handlungen der Wohlthätigkeit hervor, die man von ihm berichtet.

Eines Tages bemerkte Josef, in der Kleidung eines wohlhabenden Bür= gers, in der Nähe der Kirche, an welcher sein Weg vorbeiführte, eine Anzahl armer Leute, welche die Kirchgänger um Almosen anfleheten. Auch der Kaiser theilte seine Gaben unter die Bedürftigen und wollte sich eben wieder ent= fernen, als ein etwa zwölfjähriger Knabe schüchtern auf ihn zukam. „Was willst Du, kleiner Freund?" fragte Josef theilnehmend. — „O mein Herr", entgegnete das Bürschchen mit thränenvollem Auge, „Sie scheinen so gut: Sie werden mich nicht zurückstoßen." — „Was fehlt Dir, Kind? Sprich!" forschte der wohlwollende Fürst weiter. — „O! wie gut sind Sie. Noch vor wenigen Monaten hätten wir nicht gedacht, selbst einmal des Brotes entbehren zu müssen. Mein Vater war ein braver Offizier; aber er wurde alt, und die im Kriege empfangenen Wunden schmerzten ihn. Er mußte um Abschied bitten. Anfang dieses Jahres starb er, und nun haben wir nichts zu leben. Selbst die kleine Pension, die der Kaiser meinem Vater ausbezahlen ließ, geht uns verloren." — „Armes Kind! Hast Du noch Geschwister?" — „Ja, gnädiger Herr, noch zwei kleinere Brüder. Sie blieben bei der Mutter, die sterbens= krank daheim hier in der Nähe darnieder liegt. Kummer und Noth haben sie elend gemacht. Ach Gott, was sollte aus uns werden, wenn auch s i e stürbe!" — Die Thränen des armen Knaben strömten reichlicher. — „Höre, liebes Kind! Vor Allem geh' rasch zu einem Arzte, hier ist Geld, das Du ihm für seinen Besuch bei Deiner Mutter geben kannst: dann trockne Deine Thränen und sei guten Muthes. Vergiß auch nicht, zu Gott zu beten, daß er den Kaiser an die Dienste Deines Vaters erinnere. Auf Wiedersehen!"

Der Knabe begab sich hocherfreut zum Arzte, während Kaiser Josef selbst geraden Weges der Wohnung der unglücklichen Wittwe zueilte. Hier zeugte Alles vom tiefsten Elend. Im Zimmer, wo die kranke Frau lag, be= fand sich kein einziges Möbel mehr, außer dem Bette, das erbärmlich genug

aussah. Nur ein Christusbild aus Elfenbein hing noch an der Wand. Die bleiche
junge Frau, welche offenbar den höheren Ständen angehörte, athmete schwer:
in ihren Augen schien fast alles Leben erloschen. — Als der Fremde eintrat,
blickten Mutter und Kinder erstaunt zu ihm auf. „Ich bin Arzt", sagte Josef,
„und komme, Ihnen meine Dienste anzubieten!" — „Ach, Herr", erwiederte
die Frau mit matter Stimme, „ich werde Sie schwerlich lohnen können." —
„Seien Sie darüber ohne Sorge. Wenn ich Sie rette, fühle ich mich belohnt."

Nun trat Josef ans Krankenlager, fühlte der Frau den Puls, notirte
einige Worte und legte das Papier auf den Kamin. — „Hier die Verordnung", sagte er: „bald hoffe ich zu erfahren, ob Ihnen die Medizin geholfen."
Ein Wink zum Abschied, und der Fremde war verschwunden.

Einige Minuten später erschien der Wittwe ältestes Söhnchen, vom
wirklichen Arzte begleitet. Freudig erzählte es seine Begegnung an der Kirche.
— „Aber es ist ja schon ein Arzt hier gewesen", meinte die Kranke überrascht:
„dort liegt sein Rezept; nimm es, Kind." Der Sohn nahm die Schrift und
las. „O, Mama!" unterbrach er sich selbst, — „es ist mein Unbekannter!
Der Kaiser setzt uns eine Pension aus. Horch nur, was hier geschrieben steht:

„Madame! Ihr reizender Knabe, dem ein glücklicher Zufall mich in der
Stadt begegnen ließ, hat mir erzählt, daß Sie die Wittwe eines meiner tapfer-
sten Offiziere seien und dennoch des Brotes ermangeln. Der Kaiser kannte
Ihr Unglück nicht: beschuldigen Sie ihn nicht der Ungerechtigkeit. Es ist sehr
schwer für ihn, Alles zu erfahren, was er wissen sollte. Jetzt, da er unter-
richtet ist, wird er, so viel an ihm liegt, Ihnen einigen Trost bringen und
Ihnen die Mittel bieten, Ihre Kinder zu erziehen. Mein Schatzmeister wird
den Befehl erhalten, Ihren Namen in die Liste der kaiserlichen Pensionen
zu setzen.   Josef."

Dank und Freude der Beglückten waren grenzenlos; der mittlerweile
herangetretene Arzt wischte sich eine Thräne der Rührung aus dem Auge.

Und Josef? — er konnte sich auch am Abende nach jenem Vorfalle —
wie es einst Titus zu thun pflegte — das Zeugniß ausstellen: „Ich habe den
Tag nicht verloren!"

Die vorstehende Anekdote ist vielleicht der Mehrzahl der Leser dieses
Buches bekannt; sie ist aber gleich der nachfolgenden so bezeichnend für den
Charakter unseres fürstlichen Menschenfreundes, daß wir auch ihr hier einen
Platz vergönnten. Eines Tages während einer Reise begegnete er einem Bauer.
Der Kaiser fragte denselben: „Wohin des Weges, mein Freund?" — „Ich suche
einen Pathen für mein neuntes Kind; meine Frau hat schon Alles hergerichtet,
und noch ist kein Pathe da!" — „Macht Euch keine Sorgen, Freund, ich will
mit Euch gehen", sagte Josef und folgte dem Landmann. Der Bauer fragt
nun seinen Begleiter: „Was denkt Ihr, Gevatter, was meine Frau Gutes
gekocht hat? Rathet nur, was Gut's." Nun räth der Kaiser, trifft's aber
immer nicht, und jedesmal sagt der Bauer: „Höher 'nauf, höher 'nauf!" bis er

Kaiſer Joſef II. als Arzt.

Leipzig: Verlag von Otto Spamer.

endlich, des nutzlosen Rathens müde, ganz verdrießlich ruft: „Erzgebirg'sche Klöße sind's, die sie gekocht hat." — Und nun kommt die Reihe an den Kaiser; er giebt ein gleich schweres Räthsel auf. „Wer glaubst Du wol, wer der Pathe Deines Kindes sei?" Der Bauer räth vom Handwerker und Handelsmann aufwärts, und immer ruft der Kaiser: „Höher 'nauf, höher 'nauf!" Beim Rath und Edelmann fallen ihm schon vor Erstaunen die Arme am Leibe herunter; als er aber bis zum General und dann an den Kaiser gelangt ist, stürzt er vor Schreck zu Boden und kann sich kaum erholen. Der leutselige Fürst aber ward nun erst recht Pathe des Kindes.

Wie sehr dem edlen Monarchen religiöse Duldung zur Herzenssache geworden, zeigte sich während Josef's Anwesenheit in Prag. Die dortige Judenschaft wendete sich mit der Beschwerde an ihn, daß man ihnen die Ausübung ihres Gottesdienstes unter dem Vorwand der Baufälligkeit ihrer Synagoge verkümmert habe. Alsbald veranstaltete er eine religiöse Feier in dem durch sein Alter ehrwürdigen jüdischen Tempel. Bei dieser Gelegenheit bemerkte er unter den zahlreich herzuströmenden Israeliten ein Mädchen, dessen Tracht und ganzes Wesen tiefe Trauer zu erkennen gab. Auf seine freundliche Erkundigung erfuhr der edle Fürst, daß des Mädchens Verlobter, der einzige Sohn einer bejahrten Judenfrau, dem kaiserlichen Edikt zuwider fürs Militär herbeigezogen worden sei und mit Auszeichnung in einem Bataillon, das er vor wenig Tagen gemustert, diene. Da einer seiner Offiziere diese Angabe bestätigte, wurde der schlanke, stattliche Bursche herbeigeholt und bald darauf seiner Mutter zurückgegeben. Als kurz nachher Hochzeit war und der Monarch dem Zuge nach der Synagoge zufällig begegnete, hieß er denselben still halten, beglückwünschte die überselige Braut und gab derselben vor allen Anwesenden einen Kuß auf die Stirne. Lange noch sprach man in Prag von dem Kaiserkuß. Er galt mit Recht für ein Zeichen, daß der Kaiser einer damals noch für ehrlos geachteten Klasse seiner Unterthanen die Rechte wiedergegeben habe, die Unverstand und Engherzigkeit ihnen vorenthielt.

Josef's Privatleben ist reich an dergleichen interessanten Zügen. Wir haben bereits erzählt, wie gern er sich unerkannt unter Leute mischte; wie es für ihn eine Herzenssache war, die Bedrängten, Verfolgten und Hülflosen aufzusuchen; wie gern er es verzieh, wenn man nur ihn vernachlässigte. Unerbittlich, ja selbst leidenschaftlich konnte er hin und wieder gegen Solche auftreten, durch deren Schuld Andere gelitten hatten. Einen falschen Denunzianten ließ er bei Brot und Wasser in einen Hundestall einsperren, tyrannischen Amtleuten die Prügel, welche sie armen Bauern verordnet, mit Zins und Zinseszinsen wieder zurückerstatten.

7. Josef II. als Selbstherrscher.

Als Josef Hand anlegte, seine großen Reformpläne im Innern seines Reiches zu verwirklichen, wünschte er durch weise politische Maßregeln die alten Schäden des Staatsgebäudes zuvor so gründlich ausgebessert zu sehen, daß ihm kein Sturm von außen so leicht Gefahr bringen konnte. Seit 150 Jahren hatten die Bewohner der österreichischen Niederlande keinen ihrer Regenten in ihrem Lande gesehen, — die Stimmung gegen Oesterreich erschien unter solchen Umständen und wegen der Nähe Frankreichs durchaus nicht als eine besonders günstige. Es lag Alles daran, die Gesinnung der Belgier zu erforschen und ihre Herzen zu gewinnen. Aus diesem Grunde unternahm Josef gleich in den ersten Monaten seiner Thronbesteigung eine Reise nach den Niederlanden. Der Ruf des Kaisers begünstigte sein Vorhaben. Das leutselige Wesen des Monarchen gefiel den Brabantern und Flamländern. Schon die fromme Selbsterniedrigung, mit der Josef in Luxemburg bei einem Hochamte, den für ihn bestimmten Platz ablehnend, mitten unter dem Volke niederkniete, indem er sprach: „Vor dem Höchsten sind wir Alle gleich!“ — und andere Beweise von echt menschlicher Denkart machten tiefen Eindruck auf die Gemüther. „Seht nur“, riefen die erstaunten Niederländer, „wie gütig, wie herablassend und wie leutselig er ist!“ Und Josef, gerührt von der schnell erwachten Liebe, antwortete mit liebenswürdiger Zutraulichkeit: „Kinder, was wundert ihr Euch über mich, bin ich nicht Euer Vater, Euer Freund!?"

Nachdem der Zweck des Kaisers, das Band der Liebe zwischen Volk und Regenten fester zu knüpfen, in seinen belgischen Erblanden vollständig erreicht schien, blieb ihm noch übrig, Frankreich für sich zu gewinnen und den weniger vortheilhaften Eindruck, den seine erste Reise auf einen Theil der höhern Gesellschaft von Paris gemacht hatte, wieder zu verwischen. Bevor er sich jedoch nach der französischen Hauptstadt begab, besuchte er Holland, theils um sich hinsichtlich der Verhältnisse des für ihn so wichtigen Nachbarstaates zu orientiren, theils um neue Kenntnisse einzusammeln. Die Reise ging über Rotterdam, Delft, Leiden und Amsterdam. Wie gewöhnlich besichtigte er an allen Orten die vorhandenen Sammlungen, öffentliche Anstalten und die sonstigen hauptsächlichsten Sehenswürdigkeiten, darunter auch das Dorf Saardam, wo einst Peter der Große als Zimmermann den Schiffsbau erlernt hatte.

Die Reise Josef's nach Frankreich, die nur kurze Zeit dauerte und von der er schon im August zurückkam, entsprang nur aus den friedfertigsten Absichten. Ein Bündniß mit Frankreich schien für die hohen Pläne wünschenswerth, welche seine Seele erfüllten. Josef's Politik stimmte damals mit den Ideen seines ersten Ministers Kaunitz überein: Oesterreich nach außen hin stark und achtunggebietend zu erhalten und sich dabei auf Eroberungen im Innern zu beschränken. Wollte er seine großen Reformen durchführen, so mußte Josef sorgsam darauf Bedacht nehmen, daß keine auswärtigen Zwischenfälle Unterbrechungen herbeiführten und dem friedlichen Verlaufe der bevorstehenden großen Umgestaltungen gefährlich werden konnten. Eilig, als ob er die Kürze seines Lebens geahnt und deswegen gewünscht hätte, gern recht Vieles rasch fertig zu bringen, — legte Josef Hand an sein großes Reformwerk. Seinem Plane gemäß sollten alle Provinzen und Staaten mit ihren vielen Millionen Einwohnern, — so verschieden sie auch sonst durch Abstammung, Sitten, Rechtsgewohnheiten und bürgerlichen Einrichtungen waren — zu einem einzigen großen Ganzen verschmolzen werden: gleiches Recht und gleich gute, menschliche und wirksame Gesetze sollten die verschiedenen Theile verbinden, gleiche Interessen, gleiche Besteuerung, einerlei Hauptsprache und endlich ein und dasselbe Nationalgefühl die verschiedenen Völker unauflöslich mit einander verknüpfen. Groß, weit aussehend, schöpferisch waren die Gedanken des edlen Monarchen. Aber die Völker Josef's waren einander so außerordentlich unähnlich an Bildung und Wünschen, wie verschieden in Religion und Sprache. Sie verstanden des Kaisers Absichten nicht, und was dem Einen gefiel oder nützlich dünkte, mißfiel dem Andern. Dazu kam, daß wichtige Theile der Oesterreichischen Erblande, namentlich Burgund oder Belgien, nicht minder Ungarn und Tyrol, in eigenthümlicher Weise, viel selbstständiger als andere Länder, sich entwickelt hatten, und daß sie große Stücke auf ihre alten, hergebrachten

Gewohnheiten und Gerechtsame hielten. Maria Theresia hatte mit mütterlicher
Liebe alle ihre Völker umfaßt, die Keime des Bessern, wo sie aufbrachen,
wohl gepflegt, aber nur behutsam weiter entwickelt. Die Völker betrachteten
sich als ihre Kinder: in der Liebe und im Vertrauen zu der Mutter des
Reiches vereinigten sich alle Nationalitäten. Nur vorsichtig und allgemach
hatte Maria Theresia es gewagt, auf dem Wege der Verbesserungen ihre
Staaten für eine höhere Kultur empfänglich zu machen. So lange sie an der
Spitze stand und die stürmische Hast des Sohnes mäßigte, liebte und verehrte
man den edlen Josef, blickten Millionen auf ihn, als auf einen von Gott
gesandten Wohlthäter. Als aber der stürmisch-feurige Josef allein und selbst
die Zügel ergriff, die gewohnten Verhältnisse und die langjährigen gewohnt-
gewordenen Mißbräuche und Uebelstände nicht selten ohne Schonung zu besei-
tigen begann, um für den beabsichtigten großartigen Neubau Raum und Luft
zu gewinnen, um wie mit einem Zauberschlage ein goldnes Zeitalter herauf
zu beschwören: da fühlte man sich unsanft berührt, überrascht, verletzt, aus
dem alten Gleise gerissen, da erhob sich Tadel, Widerspruch, Widerstand,
endlich offene Rebellion. Der edle Josef verkannte, daß diese unter sich so
unähnlichen Theile, aus welchen das Ganze seiner Staaten bestand, nur
äußerst langsam, nur durch allmählige Gewöhnung einander genähert
und mit einander verschmolzen werden konnten. Um gewaltsamere Mittel
mit Erfolg in Anwendung zu bringen, fehlte ihm das Geschick und das
Glück des Kriegers, der durch Siege und Ruhm seinen Thron stützt und
gewohnt ist, jeden Widerspruch mit Pulver und Blei zum Schweigen zu
bringen. Noch weniger verstand er das langsamere Vorschreiten und das
geduldige Abwarten. Er wollte bald die Frucht seiner Mühen ernten und
sich selbst noch an dem Anblick gelungener Werke laben.

Dieser so echt menschliche Irrthum Josef's war es, welcher den Sturm
entfesselte, der binnen wenig Jahren alles Schaffen des Kaisers zu nichte
machte, der sein Leben vergiftete und ihm ein früheres Grab bereitete:
denn ehe die Zeit lindernd einschreiten, ehe die Gewöhnung versöhnen
konnte, war der Faden abgesponnen, das kostbare Leben des schöpferischen
Mannes vom unerbittlichen Tode getroffen!

Beim Regierungsantritt Josef's II. herrschten in Oesterreich überall
noch mittelalterliche Zustände vor. Mächtige Adelsherren und die überaus
einflußreiche Geistlichkeit drückten und beherrschten das Land; die Bauern
waren mit wenigen Ausnahmen leibeigene Knechte, der Bürgerstand meist
ungebildet; ein guter Theil der höheren Gesellschaft lebte dahin sorglos,
leichtfertig, vergnügungssüchtig und unwissend. Die gebildete Klasse befand
sich allüberall im ganzen Reich in solcher Minderzahl, daß sich der Kaiser
auf sie nicht stützen konnte.

Josef begann seine Reform damit, daß gleich nach dem Tode der Kaiserin die Konduitenlisten der Beamten eingeführt wurden, wodurch man in

den Stand gesetzt ward, deren Tüchtigkeit zu beurtheilen. Hierauf trat eine Beschränkung der Büchercensur ins Leben, welche außer anderen Bestimmungen festftellte, daß Kritiken über den Landesherrn oder staatliche Einrichtungen wol erlaubt sein sollten, wenn sie nicht offenbare Schmähungen des Staates enthielten. Josef ging indessen noch weiter. Sagte er doch einmal einem Gelehrten, welcher die Geschichte des deutschen Volkes schreiben wollte: „Schonen Sie Niemand, auch mich nicht. Meiner Vorjahren Fehler und meine eigenen sollen unsere Nachkommen belehren", und eine Schmähschrift, welche gegen ihn erschien und in welcher er ein Plünderer der Kirchenschätze, ein Lutheraner, ein Ketzer gescholten wurde, ließ er nochmals abdrucken und zum Besten der protestantischen Kirchen verkaufen . . . . . .

„Josef fand, als er zur Regierung gelangte, wie oben angedeutet, in allen Schichten der Bevölkerung große Verkommenheit vor; einen Haufen unwissender, feiler Beamten, Räthe und Minister ohne Weisheit, Richter ohne Achtung für das Recht und von Vorurtheilen befangen, eine Unzahl Priester ohne Religion, ohne Wissenschaft, ohne kirchlichen Sinn, eingekaufte Hauptleute ohne Talent und ohne Bildung, Soldaten ohne Ehrliebe und Zucht, Bürger ohne Sitten und Gemeingeist." Der Kaiser erkannte als Urquell aller dieser Uebelstände eine höchst unvollkommene, einseitige und durch die größten Verkehrtheiten verkümmerte Volksbildung infolge der langjährigen Vernachlässigung des Schulunterrichts, der Grundlage aller Geisteskultur. Er faßte daher den Entschluß, den Nachwuchs seines Volkes nach einem einzigen großen Erziehungsplan gleichmäßig und überall zu guten, unterrichteten Bürgern, brauchbaren Staatsbeamten, Militärs und Volkslehrern heran zu bilden.

Strenge Ordnung und Gehorsam, zweckdienliche Einrichtung der Schulen, gleichmäßige Lehrstunden und Lehrgegenstände sollten zum Ziele führen. Das Gefühl des Gemeinsinnes, Ehrliebe und Vaterlandsliebe, Frömmigkeit und Duldsamkeit sollten schon in den Schulen den Gemüthern eingepflanzt werden. — Eine weitere wichtige Verfügung bezweckte die Einführung der deutschen Sprache bei öffentlichen Vorlesungen an den höheren Lehranstalten anstatt der bisher üblichen lateinischen, durch welche der Unterricht nur schwerfällig geworden war. Den zur Staatsprüfung zugelassenen Studirenden wurde es freigestellt, ob sie die Prüfungen in deutscher oder lateinischer Sprache bestehen wollten.

Der Zorn und die Verbissenheit der Gegner des edlen Kaisers erwachte in vollem Maße, als im Oktober 1781 das merkwürdige Toleranz-Edift erschien und seine Folgen sich kund gaben. Lutheranern, Reformirten und den Anhängern des griechischen Bekenntnisses ward dadurch freie Uebung ihrer Religion zugesichert; sie durften Gott nach ihrer Weise dienen und überall Bethäuser erbauen. Auch das traurige Schicksal der unterdrückten Juden ließ der menschenfreundliche Monarch nicht außer Acht. Die ihnen vorgeschriebene Kleidung sowie alle herabwürdigenden Bestimmungen wurden

abgeschafft; sie durften Ackerbau und Gewerbe treiben, Künste üben, Grund=
besitz erwerben und erlangten endlich Zutritt zu den Lehranstalten und Uni=
versitäten des Staates. Auch sollten sie, soweit es thunlich war, den anderen
Unterthanen des Kaisers gleichgehalten werden.

Durch diese Bestimmungen wollte Josef die unglücklichen rechtslosen
Abkömmlinge eines während Jahrhunderte verfolgten Volkes zu brauch=
baren Staatsbürgern heranziehen. Sie, die bisher den Zigeunern und Land=
streichern Gleichgeachteten, sollten hinfüro nicht mehr Gegenstand ungerech=
ter Verfolgung und Beschimpfung sein. Während sich fast alle anderen gleich=
zeitigen Regierungen nur bemühten, durch Vertreibung und Unterdrückung
sich der Kinder Israel's zu erwehren, beschloß Josef, sie um jeden Preis
zu achtbaren Bürgern zu machen und ihres Daseins als einer Quelle von
Vortheilen für Staat und Gesellschaft sich zu bedienen.

Dem Duldungsgesetze waren schon im Juli 1781 mehrere tief eingrei=
fende Verordnungen an den höheren Lehranstalten, welche das Kirchen=
wesen betrafen, vorausgegangen, denn auch die herrschende katholische Kirche
sollte den landesväterlichen Absichten des Monarchen gemäß ihre Pforten einer
besseren Zucht und nützlicheren Thätigkeit öffnen. In solchem Sinne löste
Josef ein Band nach dem anderen, welches die österreichische Geistlichkeit mit
dem Papste aufs Engste verknüpfte. Keine päpstliche Bulle sollte fortan in
den österreichischen Staaten Giltigkeit haben, bevor sie der Monarch nicht
gutgeheißen. Hinfüro sollten die bedeutenden Geldsummen, welche alljähr=
lich für Dispensationen und Absolutionen nach Rom wanderten, dem Lande
erhalten bleiben. Welchen Widerstand solche tief eingreifenden Maßregeln
hervorriefen, werden wir bald erfahren. Ganz gewaltigen Anstoß unter den
„Rechtgläubigen" erregte der hülfreiche Beistand, welchen der Kaiser seinen
„nicht rechtgläubigen"Unterthanen angedeihen ließ. Dieselben waren bisher
so gut wie vogelfrei gewesen, gleich dem Jagdwilde, das Jedermann un=
gestraft hetzen, rupfen und quälen durfte. Josef kannte von seinen Reisen
her die Lage dieser Verfolgten, und vom Tage seines Regierungsantrittes an
war er unaufhörlich bemüht, den bedrängten Andersgläubigen beizustehen.

Wie gewiß auch Milde gegen Andersgläubige, wie sehr des Kaisers edle
und hochherzige Gesinnungen in Bezug auf Religionsfreiheit mit dem
Urquell aller werkthätigen Liebe, dem Evangelium Jesu Christi, selbst über=
einstimmten: die Lieblosigkeit und Unduldsamkeit ließ solches nicht gelten.
Allgemein fand die Verleumdung Eingang, der Kaiser sei ein Erzketzer und
wolle das Christenthum abschaffen; ja an diesen Unsinn glaubten selbst die
Freigeister oder „Aufgeklärten". Weil der Kaiser Duldung gebot, meinten
die Thoren, werde er Alles in die Rumpelkammer der Vorurtheile werfen,
selbst Dasjenige, was der Mehrzahl guter Menschen stets heilig bleiben wird.

Aufs Entschiedenste suchte Josef dem verderblichen Aberglauben zu
steuern, besonders dem auf kirchlichem Gebiete. Nicht minder beschäftigten

ihn die üblen Folgen einer Unmasse kirchlicher Feste und Feiertage, welche
nur die Trägheit und Sittenverderbniß förderten. — Eine die Gewohnheiten
des Volkes stark berührende gefährliche Neuerung war diejenige, welche die
Prozessionen und Wallfahrten betraf. Es wurden, abgesehen von der Fron=
leichnamsprozession und den allgemeinen Bittgängen in den Städten sowol
als auf dem Lande, alle Prozessionen eingestellt. Außer den neuen verein=
fachten gottesdienstlichen Vorschriften ergingen noch viele andere Verord=
nungen, welche sich auf religiöse und abergläubische Gebräuche und Sitten
bezogen. Josef beschränkte sich indessen bei diesen Maßregeln zur Förderung
der Aufklärung keineswegs auf gewaltsame Unterdrückung gemeinschädlicher
Gewohnheiten, sondern er richtete auch seinen Blick in die Zukunft und erließ
im Interesse eines für Freiheit und Selbständigkeit zu erziehenden Geschlechts
für den religiösen Volksunterricht Vorschriften, deren Zweckmäßigkeit heute
noch in Oesterreich anerkannt wird.

Diesen Verfügungen folgte eine Reihe von Verordnungen in Bezug
auf das Klosterleben. Dem Kaiser waren faule Mönche und müßige Nonnen,
„welche an der Tafel der Nation schwelgten“, ein Greuel. Er hob daher
im Jahre 1782 allein 627 Klöster auf ein Mal auf, deren Gebäude in
Schulen, Hospitäler und Kasernen verwandelt wurden. Infolge dieser weiter
fortgesetzten Maßregeln verminderte sich die Zahl der Ordensleute von 70,000
auf 27,000. Die hiervon betroffenen Klöster waren allerdings meist solche,
deren Bewohner kein werkthätiges, sondern nur ein beschauliches Leben führ=
ten. Der Kaiser hielt diese Lebensweise für ungeeignet, die Wohlfahrt des
Staates zu fördern. — Natürlich stieß auch diese Reform auf erbitterten Wi=
derstand. Man konnte sich nicht genug wundern, daß Josef, der auf der
einen Seite so eifrig die Aufhebung der Nonnenklöster betrieb, der sich durch
persönliches Einschreiten für die verstoßene Tochter einer hochadeligen Dame,
welche das Klostergelübde gebrochen hatte, verwandte, um sie in den Schoß
ihrer Familie zurückzuführen — im Jahre 1788 auf der andern Seite dennoch
die Beweggründe des unglücklichen Kindes eines Offiziers, gelten ließ, als
dieselbe flehentlich um Erlaubniß bat, der Welt entsagen, sich einem be=
schaulichen Leben widmen und das Klostergelübde ablegen zu dürfen. —
War dies etwas anders als Duldung? — Unbehelligt blieben grund=
sätzlich alle Ordensleute, die sich der Erziehung und Krankenpflege widmeten.

Daß die rasche Aufhebung der Klöster nach gar mancher Richtung hin
hart und drückend erschien, daß sie nur zu häufig ohne Schonung ausgeführt
wurde, entging dem Blicke des Kaisers, der nur das Ganze im Auge hatte.
Mönche und Nonnen wurden aus ihrem gewohnten Kreise gerissen und mit
geringer Unterstützung in eine ihnen fremd gewordene Welt gestoßen. Außer=
dem gingen beim Verlassen der Kirchen und Klöster viele kostbare Kunstwerke
und seltene Manuskripte verloren oder gelangten in unberufene Hände, zum
Theil ins Ausland. Und weil der Kaiser durch tiefeingreifende Verände=

4*

rungen die Mehrzahl der Geistlichkeit wider sich aufbrachte, vermehrte dies die Unzufriedenheit in einem Lande, wo man noch so fest an dem Altherge= brachten hing. Daß dagegen mittels des Klosterguts eine Menge Schulen und Pfarreien gegründet und dotirt wurde, daß bestehende Pfründen oder Pfarreien, die übergroße Einkünfte besaßen, in kleinere zerlegt wurden, um eine bessere Seelsorge herbeizuführen: — daß eine große Anzahl von Verbesserungen, wie die Vermehrung der geistlichen Seminare und Er= ziehungshäuser, sich lebensfähig zeigten, daß durch Gründung von Kranken= und Versorgungsanstalten sowie durch Errichtung militärischer Bildungs= anstalten dringenden Bedürfnissen abgeholfen wurde: — davon redeten die Widersacher des Kaisers freilich nicht. Ihnen kam es nur darauf an, den Mißmuth in den Provinzen noch zu vermehren, und so empfand man nur das Störende der Umgestaltungen, nicht das Segenbringende derselben.

Der Kaiser begnügte sich jedoch damit nicht, Klöster in Schulen und Spitäler verwandelt zu haben, sondern er sah auch nach, wie man seinen Be= fehlen nachgekommen. In Bezug hierauf ordnete er selbst eine Menge Ver= besserungen an, indem er nicht selten die Säle der Krankenhäuser durch= wanderte. Da mußte er freilich oft genug wahrnehmen, wie mißlich es um die Pflege der Kranken stand. Während es in den Wohnungen der Inspektoren keineswegs an Zeichen des Wohlstandes gebrach, herrschte in den Kranken= stuben Schmutz, und Mangel an Pflege gab sich kund. Wo Josef dergleichen bemerkte, konnte er sehr strenge, ja hart sein, und die ungetreuen Beamten nahmen sich fortan meist mehr zusammen.

Viel schlimmer noch stand es mit den Irrenhäusern, in denen die unglücklichen Kranken und Insassen wie Missethäter und Gefangene behandelt wurden; daher auch der damals so beliebte Gebrauch, gewisse Verbrecher zusammen mit Wahnsinnigen einzusperren. Die Zwangsjacke, die entsetz= lichsten Mißhandlungen, Fasten bei Wasser und Brot und Entziehung der nöthigsten Bequemlichkeit, das waren die gewöhnlichen Mittel, womit man Geisteskranken glaubte beikommen zu können.

Als Muster für die sämmtlichen Erblande wurde nun von Josef das Hauptspital in Wien neu errichtet und die damit verbundenen Anstalten vom Kaiser mit reichlichen Mitteln ausgestattet. Dieses Institut bildete eines der würdigsten Denkmäler, welche der edle Monarch sich selbst errichtet hat.

Ein anderes damals überaus nothwendiges Institut, das Findelhaus, in welchem Kinder armer Eltern unentgeltlich, die wohlhabender Leute aber gegen eine sehr mäßige Unterhaltungstaxe (jährlich 24 Gulden) in Ver= pflegung genommen wurden, verdient gleichermaßen Erwähnung.

Auch der geistigen Hebung des Militärstandes wandte Josef seine Aufmerksamkeit zu. In diesem Sinne darf nur an die Errichtung der Militär= akademie zu Wienerisch=Neustadt erinnert werden, welche am 5. Mai 1786 eröffnet ward. Noch heute werden in dieser Anstalt für die Armee die Mehr=

zahl tauglicher Offiziere gebildet, woran es zur Zeit Josef's in hohem Grade mangelte. — Die weiteren Verdienste Josef's auf demselben Gebiete bestehen in der Ausrottung schädlicher Vorurtheile, in Erhöhung des militärischen Ansehens und Verbesserung des Geistes der Armee, in Entfernung tief eingerissener Härten und Willkürlichkeiten bei der Rekrutirung, in Versorgung und Belohnung verdienter Veteranen, endlich in Verbesserung der militärischen Gerichtsverfassung.

Alle diese großartigen Reformen erheischten freilich gutwillige, zuverlässige und erprobte Gehülfen, deren Treue und Fähigkeit außer allem Zweifel stand. Allein in dieser Hinsicht war der milden Kaiserin Vermächtniß dürftiger und armseliger beschaffen als in jeder anderen. Untaugliche Menschen ohne Kenntnisse, ohne Patriotismus und Redlichkeit, nie das Allgemeine berücksichtigend, nur den eigenen Vortheil im Auge behaltend, dabei bestechlich, ungerecht, nachsichtig, rachsüchtig, willkürlich, heuchlerisch und treulos, hatten sich gerade in die wichtigsten und höchsten Aemter eingenistet. Kein Wunder, wenn die Lauheit und Trägheit des österreichischen Geschäftsganges sprüchwörtlich geworden war, wenn die Unzuverlässigkeit der Gerichte harmonirte mit der Nachlässigkeit in Vollstreckung des kaiserlichen Willens. Allenthalben führte man laute und bittere Klage über gesetzwidrige Handlungen der Beamten. Unter solchen Umständen blieben die kaiserlichen Verordnungen zumeist nur todte Buchstaben, geschrieben, um gelegentlich einmal versuchsweise vollstreckt zu werden und um schließlich Gesetzbücher anzufüllen, welche das Volk kaum kannte. Auch Josef mußte wie die meisten Reformatoren sich zu seinem großen Werke der Rechtsverbesserung erst Gehülfen und Werkzeuge heranziehen, und dies war vielleicht die schwierigste und undankbarste Arbeit seines Lebens. Das wußte er gar wohl. Er begann jedoch sein Werk mit Entschlossenheit und voll Vertrauen auf sich selbst und auf den guten Willen der höher gestellten Staatsdiener, welche ihm Maria Theresia hinterlassen hatte.

Ach! wie sehr hatte er sich gerade in letzterer Beziehung geirrt!! — Der herrschende Schlendrian war viel zu tief eingewurzelt, der böse Wille zu groß, als daß die landesfürstliche Gewalt überall hin hätte durchdringen, den Ränken der im Einverständniß handelnden Feinde der Regierung und des Vaterlandes hätte wirksam begegnen können. Indessen alle diese Bitterkeiten machten den unermüdlichen Monarchen weder schwankend noch muthlos.

Schon im November 1781 war ein folgenschwerer Schritt auf den Bahnen der Staatsverjüngung unternommen worden. Damals erfolgte die völlige Aufhebung der Leibeigenschaft in Böhmen, Mähren und Galizien; dem schloß sich die neue Gerichtsordnung an, weiterhin Verbesserungen in der Finanzverwaltung sowie eine zweckmäßige Kontrole auf diesem Gebiete. Jedoch wurden die erstgenannten Maßregeln, so recht geeignet, den Bauernstand zu heben, von demselben nicht in dem Grade als Wohlthat empfunden, als man hätte denken sollen. Noch andere Verfügungen sollten demselben mit zu Gute kommen und den Ackerbau fördern helfen. Und so wandte sich die Fürsorge der kaiserlichen Regierung auch dem Forst- und Jagdwesen zu. Denn in einem Staate, der noch in der Entwicklung begriffen ist, steht der Landbau mit der Pflege der Forstkultur in engster Verbindung. Diese bedurfte zu ihrer Unterstützung eben so strenger wie weiser Gesetze, um den Waldfrevel zu verhindern und dem drohenden Holzmangel vorzubeugen. Hand in Hand damit wurde die Jagd und deren Gerechtsame derart geregelt, daß der aus dem damaligen Betrieb für den Unterthan erwachsende Schaden nach Möglichkeit gemildert ward.

So dankenswerth alle diese dem Volke erwiesenen Wohlthaten erscheinen, so steht doch alles in dieser Beziehung Geleistete zurück gegen die Bedeutung dessen, was unter Josef auf dem Gebiete der Gesetzgebung geschaffen worden ist, weil die Wohlthaten derselben bleibende geworden sind. Die vom Kaiser mit Vorliebe geförderten neuen Gesetzbücher schritten trotz des Uebelwollens offener und heimlicher Widersacher rüstig vorwärts. Das Civilgesetzbuch oder vielmehr dessen I. Theil, das Personenrecht enthaltend, trat am 1. Mai 1787 in Kraft. Dasselbe bildete die Grundlage des „Bürgerlichen Gesetzbuches", welches später unter Josef's Neffen, dem Kaiser Franz, vollendet worden und bis auf unsere Tage in Kraft geblieben ist. In der Zeit aber, in welcher dieses treffliche Werk ans Licht der Welt trat, war es — so ist's ja den meisten Anordnungen Josef's ergangen — ein Gegenstand der schärfsten Ausstellungen, wiewol nach demselben alle Stände gleichmäßig, d. h. nach einem und demselben Gesetze, wenn auch von verschiedenen Gerichtsbehörden, gerichtet wurden. — Nicht besser erging's dem vortrefflichen „Kriminalgesetzbuche", welches am 13. Januar 1787 in Wirksamkeit trat. Durch dasselbe ward u. A. die Aufhebung der Todesstrafe angeordnet und an Stelle derselben wurden andere Strafen eingeführt, womit sich allerdings die nicht weit genug vorwärtsgeschrittene Volksmeinung keineswegs im Einklang befand. Jene neuen Strafarten, wie Schiffsziehen, Anschmieden im Gefängniß, wurden für alle Verbrecher verordnet, welchen Standes sie auch sein mochten. Man hat sich oft darüber gewundert, daß Josef und seine Rathgeber nicht das Bedenkliche erkannten, das in jenen Bestimmungen lag. Denn der gemeine Verbrecher erträgt in seiner Ehrlosigkeit gewisse Strafen mit einem an Stumpfsinn grenzenden Gleichmuth, während der Mann von Bildung, in dem das Ehrgefühl noch nicht erloschen ist und den vielleicht nur Noth oder Leidenschaft zum Verbrechen fortrissen, das Richtbeil dem Pranger vorzieht. Dabei ward die schreckliche Strafe des Schiffsziehens zu einem Akte verletzender Grausamkeit. Selbst ein Lobredner des Kaisers ergeht sich über diese Strafart wie folgt: „Nur Derjenige, der diese schauerliche Bestrafung gesehen, kann sich eine Vorstellung davon machen. Die vorher schon durch langen Arrest ausgemergelten und vom Hunger abgezehrten Verbrecher werden, wenn sie zum Schiffsziehen verurtheilt sind, vor die Fahrzeuge angespannt, so daß sie, Einer hinter dem Andern, der Reihe nach Moräste und Gewässer oft bis an den Hals durch= waten und zugleich die schweren Schiffe ziehen müssen. Ueberrascht den Einen oder Andern eine Mattigkeit oder Schwäche, und geht er infolge dessen zu Grunde, so wird er einfach ausgeschlossen und eingegraben. Keine Seele bekümmert sich weiter um ihn."

Als Josef solche Strafen einführte, leiteten ihn natürlich die besten Absichten. Der Monarch hoffte dadurch die Bessern vor Uebelthaten zurück= zuschrecken, sie an Selbstbeherrschung zu gewöhnen und in seinen Ländern einen wahrhaften Adel der Gesinnung und des Verdienstes zu erziehen. Aber weder der Mehrzahl der Gebildeten noch weniger der Masse des Volks leuchtete ein, was der Kaiser wollte. Obgleich man den Ersteren begreiflich zu machen suchte, daß das Entehrende einer Strafe niemals Rang, Stand und Namen, das Gemeingut einer Familie oder Standes treffen könne, weil der Ver= brecher ja seiner bürgerlichen oder Standesehren beraubt sei, beharrte das Vorurtheil doch bei seinen Abneigungen. Der Pöbel dagegen fand beson= deres Gefallen daran, alle Verbrecher bei ihrem Range und Titel zu nennen, sprach vom Grafen X., welcher zum Schiffsziehen, vom Obersten Y)., der zum Pranger, vom Hofrath Z., der zum Gassenfegen verurtheilt worden.

Infolge der raschen Aufeinanderfolge so bedeutsamer und tief empfun= dener Umwälzungen fanden all die wohlgemeinten und größtentheils wün= schenswerth gewordenen Verbesserungen in Staat und Gesellschaft nur ge= ringe Anerkennung. Um selbst die Wohlthaten der unabweislich nothwendig gewordenen Reformen zu empfinden, fehlte eine nur einigermaßen gebil= dete Klasse; ein hochstrebendes Bürgerthum wie das heutige existirte damals noch nicht, die Aristokraten aber im Bunde mit der Geistlichkeit boten alle ihre Macht auf, um den Bestrebungen des Kaisers Hindernisse in den Weg zu legen. Ihre Gleichstellung vor dem Gesetz mit dem geringsten Handwerker, die öffentliche und schmachvolle Bestrafung verbrecherischer Mitglieder selbst der angesehensten Familien, die Einschränkung ihrer Gerechtsame, die Schmä= lerung ihrer ungesetzmäßigen Einkünfte und endlich die Befreiung ihrer bis= herigen Leibeigenen — alle diese im Interesse des Staates und der Mensch= lichkeit unternommenen Maßregeln verletzten zu sehr die herkömmlichen Be= griffe von Würde und Standesehre: daher schlug sich der größere Theil des hohen Adels auf die Seite der erbitterten Feinde des neuen Systems.

Den weitgreifendsten Widerstand fanden Josef's Reformen und Tole= ranzedikte in Ungarn. Dazu trugen allerdings eigenthümliche Umstände bei. Der Kaiser, der kein Freund ständischer Einrichtungen war, vornehmlich von Adelsfreiheiten und sonstigen Vorrechten, auf welche sich besonders der ungarische Adel etwas zu Gute that, ließ sich gar nicht als König von Ungarn krönen, weil er sich nicht der Verlegenheit aussetzen wollte, die Privilegien der Stände des Königreichs beschwören zu müssen. Ja, er ent=

führte das hochverehrte Kleinod Ungarns, die Krone des heiligen Stephan, nach Wien. Dagegen sollten die auf ihre Selbständigkeit und Eigenthümlichkeiten so stolzen Magyaren durch deutsche Sprache und deutsche Sitte, deutsche Bildung und deutsche Gesetze beglückt werden. Daß fortan alle Unterthanen vor dem Gesetze gleich seien, daß Niemand mehr der Knecht des Anderen sein solle, daß die Leibeigenschaft aufhöre, dies Alles begriff man auf den ungarischen Pußten nicht. Als aber ein Fürst, welcher sich bei Herstellung falscher Banknoten betheiligt hatte, trotz seiner hohen Abkunft in der Hauptstadt die Gasse kehren mußte, gleich jedem anderen gemeinen Fälscher, da kam eine solche Neuerung den Leuten so „neckisch", so sonderbar, so „spanisch" vor, daß sie den Kopf schüttelten. Aus den oben angeführten Gründen waren die deutschen Einwanderer während der letzten Jahrzehnte des vorigen Jahrhunderts in Ungarn übel genug daran, sie wurden verfolgt und erlitten dieselbe Unbill wie in den letzten Dezennien unserer Tage.

So mißmuthig auch der Adel dreinschaute, so bereitete doch das Volk von Ungarn und Siebenbürgen dem Kaiser fast noch mehr Kummer und Verdruß. Nach Aufhebung der schmählichen Einrichtung der Leibeigenschaft war an Stelle des bisher giltigen Werbesystems allgemein die Konskription getreten. Den veränderten Zuschnitt der Dinge legten sich nun die allerdings schwer bedrückten Walachen Siebenbürgens nach ihrer Weise aus. Sie meinten, infolge der kaiserlichen Verordnungen seien alle Rechte der Gutsherren erloschen. Sie wollten weder denselben irgendwelche Dienste leisten, noch zu den Fahnen des Kaisers sich sammeln. Als der begüterte Adel, statt die Hülfe der Gerichte gegen die unverständige Masse in Anspruch zu nehmen, mit Gewaltthätigkeiten gegen die bethörten Leute einschritt, vereinigten sich die Bauern zur Gegenwehr. Es fehlte zudem nicht an Leuten, die heimlich und öffentlich zur Empörung aufstachelten. Der Mönch Krischna, der wilde Horjah und der kühne Kloska stellten sich an die Spitze der Bewegung. Die Ermordung aller Edelleute wurde beschlossen, und als die Verschwörung entdeckt wurde, griffen Tausende zu den Waffen. Schlösser und Herrenhäuser wurden erstürmt und den Flammen preisgegeben; eine Menge Grundbesitzer, Männer, Frauen und Kinder, fielen durch Mörderhände: Horjah nannte sich König von Dacien und organisirte mordlustige Banden. Erst im folgenden Jahre konnte die bewaffnete Macht des Aufruhrs Herr werden und die Rädelsführer zur gerechten Strafe ziehen. So ging's in Transsylvanien; dumpf grollte der Unwille der Völker in Ungarn, drohend ballte sich die Unzufriedenheit längst in Belgien, ja selbst in dem sonst so anhänglichen Tirol zu Unheil verheißenden Gewittern zusammen. Die Magyaren kamen auf ihre Forderungen in Betreff der unterlassenen Krönung und Rückgabe der noch immer vorenthaltenen Stephanskrone zurück. Die Gährung begann schon damals in bedenklicher Weise bemerkbar zu werden, als ohne Beachtung der scharfen Unterschiede in den Sitten und den alten

Gerechtsamen der Völker und ohne Rücksicht auf bestimmt ausgesprochene Wünsche die neue Eintheilung der Länder eintreten und später die neue Gerichtsverfassung allseitig eingeführt werden sollte.

Als der Sturm zuerst 1787 in Brabant losbrach, befand sich Josef gerade in der Krim, wo er, wie wir bald erfahren werden, mit der Kaiserin Katharina wichtige Verhandlungen pflog. Auf die bedenklichen Nachrichten hin kehrte er alsbald in seine Staaten zurück und traf Maßregeln der Güte und auch der Strenge, um seine Unterthanen zu ihren Pflichten zurückzuführen. Er war sich der besten Absichten bewußt: vor Gott und Menschen lagen sein Herz und seine wohlmeinenden Bestrebungen offenkundig da. Er wollte, er konnte nicht, gegenüber dem Unverstand und Uebelwollen, von seinen Entwürfen zurückweichen; er hoffte noch immer auf das endliche Gelingen. Doch überkam ihn schon manchmal eine bange Ahnung, sein Werk werde schließlich an der Unbildung und Mißgunst Derer scheitern, die er beglücken wollte. In einer solchen Stunde bat er seinen alten Minister, den treuen Kaunitz, er möge seine Denkwürdigkeiten niederschreiben, damit die Nachwelt einst gerechter über ihn, den Kaiser, urtheile und nicht nur nach dem ungewissen Erfolge richte. Daß dieser Wunsch unerfüllt blieb, ist für die Geschichte ein Verlust, nicht aber für den verklärten Helden der Humanität.

Die geflissentliche Nichtachtung ihrer Verfassung sowie das Unterbleiben der Landtage in Ungarn und Böhmen trug dazu bei, daß die Maßnahmen des Kaisers nicht den erwünschten Erfolg hatten, daß sich vielmehr die Unzufriedenheit in beiden Ländern in bedenklicher Weise steigerte. Die Stände des Königreichs Böhmen gingen in ihrem Widerstande so weit, ihrem Monarchen die verlangte Auslieferung der Krone mit den Worten zu verweigern: „Der König gehört dahin, wo die Krone ist; nicht die Krone dorthin, wo der König weilt." Kurz, hier wie dort wurden die menschenfreundlichen Absichten des Kaisers verkannt. — Die neuen Steuergesetze, bestimmt, das große Werk des Kaisers zu krönen, trugen vollends dazu bei, das allgemeine Mißbehagen zu steigern: in Ungarn rüstete man sich zum offenen Widerstande.

Josef's Absichten gipfelten darin, durch eine gerechte und zweckmäßige Besteuerung den Mittelpunkt eines aus sich selbst heraus thätigen Staatsganzen zu schaffen. Die meisten seiner übrigen Maßregeln erscheinen im Hinblick darauf nur als Vorbereitungen zu seiner letzten großen Schöpfung. Der Grund und Boden sollte in allen Theilen des Reiches neu vermessen, die Ertragsfähigkeit abgeschätzt und ohne Unterschied, ob adeliges Freigut oder Bauerngut, besteuert werden. Dieser Entwurf kam 1785 zur Ausführung. Eine Anzahl vorläufiger Bestimmungen lief der leider verfehlten Maßregel voraus oder begleitete dieselbe. Bei der Hast nämlich, womit die Sache betrieben wurde, fiel die Vermessung und Abschätzung nicht nur oft sehr fehlerhaft, sondern durch den bösen Willen der Beauftragten oft auch parteiisch und ungerecht aus. Der Adel sah sich dadurch in seinen Vorrechten gekränkt,

der Bauer meist höher besteuert als zuvor. Unter Zugrundelegung einer ver=
einfachten Rechnung wurden bei Feststellung des neuen Steuersystems alle
neuen Vorschriften in das berühmte Steuerpatent vom Jahre 1789 zu=
sammengefaßt, dessen unglückliches Schicksal Veranlassung zu überaus un=
gerechtem Urtheil über Josef gab. Dieses für des Kaisers Regierung so ver=
derbliche Gesetz, das Ergebniß beharrlichster Verfolgung einer wohlgemein=
ten, aber mit entschiedenem Unglück ausgeführten Idee, ist um so merk=
würdiger, als es in seinen späteren Folgen trotz seines nur kurzen Daseins
dennoch für die ganze Monarchie ungemein bedeutsam geworden ist.

8. Reise des Papstes Pius VI. nach Wien und Gegenbesuch Josef's.

Alle die in Vorstehendem zuerst genannten, in kurzer Frist sich folgen=
den Reformen versetzten keinen Stand in größere Aufregung als die Geist=
lichen. Eine freudige Aufregung empfand dabei nur der Theil des niederen
katholischen Klerus, um dessen Einkünfte es schlecht stand, indem dieselben sich
verbesserten, oder Mönche, welche sich darnach sehnten, den Klostermauern zu
entrinnen. Der bei weitem größte Theil der einflußreichen höheren Geistlich=
keit dagegen, die vornehmen Aebte, Bischöfe und Kirchenfürsten, gerieth in
große Besorgnisse. Ihnen schlossen sich bereitwilligst an alle übrigen Gegner
des neuen Systems, die zahllosen Widersacher des Kaisers. Vergebens —
Josef ließ sich nicht irre machen; auch die Einsprachen des Erzbischofs von
Wien, des Kardinals Migazzi, der sich gar keine Mühe gab, seinen Unmuth
zu verbergen, nützte nichts. Dieser Günstling des Papstes glaubte doppelte
Ursache zu Groll zu haben, weil ihm das reiche Bisthum Waizen entzogen
worden war, nachdem der Kaiser verfügt hatte, daß kein Diener des Staates
hinfüro zwei Aemter zugleich solle verwalten dürfen. — Alle Vorstellungen,
selbst die ernstlichen Abmahnungen des Hauptes der katholischen Christen=
heit, änderten nichts an der festbeschlossenen Sachlage. In seiner Noth faßte
endlich Papst Pius VI., seit 1775 das Haupt der katholischen Christenheit,
den außerordentlichen Entschluß, den Kaiser in eigener Person aufzusuchen
und ihn zur Rücknahme der gegen die Kirche gerichteten Maßnahme zu ver=
anlassen.

Am 27. Januar 1782 sah das bestürzte Rom den heiligen Vater aus
seinen Mauern ziehen, eine Anzahl der hochangesehensten Geistlichen waren
in seinem Gefolge. Das Volk begleitete den Oberhirten mit heißen Segens=
wünschen und Gebeten bis vor die Thore hinaus. Man rief sich laut zu, der
Kaiser werde erblinden, wenn er fortfahre, den Vorstellungen des Stell=
vertreters Jesu Gehör zu verweigern, eine Prophezeiung, welche just einzu=

treffen ſchien, als Joſef II. während der Anweſenheit des Papſtes in Wien
von einer Augenentzündung befallen wurde, wovon ihn jedoch ſeine Aerzte
bald wieder befreiten.

Die koſtbarſten Ornate und Kleider, die dreifache Krone, prachtvolle
Kelche, eine Anzahl Kardinalshüte und tauſend Stück goldene Medaillen
bildeten einen Theil des Prunkgeräthes, welches der Papſt mit ſich führte.

Kaiſer Joſef empfing den ehrwürdigen Oberprieſter mit der größten
Auszeichnung, indem er ſelbſt ihm bis nach Neukirchen entgegenfuhr. Auch
bereitete er ihm einen höchſt feſtlichen Einzug in der Hauptſtadt, wo das
Geläute der Glocken und der Donner der Kanonen das Herannahen des heiligen Vaters verkündigten. Das war aber auch Alles.

Unterredung Joſef's II. mit Papſt Pius IV.

Im Uebrigen wurde Papſt Pius faſt wie ein Gefangener gehalten; in dem Palaſte, den er bewohnte, wurden alle Eingänge zugemauert,
bis auf einen einzigen, und Niemand durfte den Papſt ſprechen, dem es
der Kaiſer nicht ausdrücklich geſtattete. Wollte der heilige Vater die Angelegenheiten berühren, welche ihn zur Reiſe nach Wien veranlaßten, ſo mußte
Joſef immer auf ſeine Weiſe dem Geſpräche eine andere Wendung zu geben.
Je weniger der Papſt in der Hofburg beim Kaiſer zu erreichen ſchien, um ſo
mehr begeiſterte ſich jedoch die Menge für den Stellvertreter Chriſti.

Das Gedränge der Menſchen, welche den Papſt ſehen wollten, war stets so groß, daß es ungeachtet aller Vorkehrungen der Polizei, die bei solchen Angelegenheiten unvermeidlichen Unglücksfälle zu verhindern, doch Quetschungen und Armbrüche in Menge gab. Um den Andrang in den Gemächern, welche der hochverehrte Oberhirte in der Hofburg inne hatte, einigermaßen abzuhalten, sandte man den Pantoffel des Papstes, den so viele Tausende hätten gern küssen mögen, in den Häusern der Großen herum.

Man hatte dem heiligen Vater durchaus falsche Schilderungen von dem Charakter und den Absichten des Kaisers gemacht, so daß er höchlich erfreut war, in ihm einen Freund der Religion und den entschiedensten Verehrer der Sittenreinheit zu finden. Die Partei, welche den katholischen Oberpriester zu ihrem Werkzeuge machen wollte, hatte sich deshalb gründlich getäuscht. Auch ließ Kaiser Josef den ehrwürdigen Greis, um ihm eine offene Kränkung zu ersparen, nicht ohne Hoffnung abreisen. Er und seine Umgebung erschöpften sich förmlich in Aufmerksamkeiten gegen Pius VI. und sein Gefolge. Aeußerst rührend wird der Abschied des Papstes von Josef zu Mariabrunn geschildert. Kaiser und Papst hatten sich als redliche Männer lieben und achten gelernt, und doch sahen sie sich durch Umstände aller Art gehindert, wie Freunde zusammenzustehen gegen Bosheit und Niedrigkeit der Gesinnung.

Nach Rückkehr des Papstes nach Rom begann der alte Hader von Neuem, sobald man merkte, daß der Kaiser keineswegs daran denke, andere Bahnen einzuschlagen, vielmehr erst am Anfange seines großen Reformwerkes angelangt sei. Darüber höchlichst verstimmt, richtete man von Rom aus eine verwarnende Zuschrift in solch eifernder Sprache an Josef, daß dieser jenen Brief erbrochen an den Papst zurückschickte. Der Bruch schien unabwendbar; Pius war in Verzweiflung. Aller Orten herrschte Bestürzung, als Josef, beleidigt durch die Form der für ihn bestimmten, an den Kardinal Hrzan, kaiserlichen Gesandten zu Rom, gerichteten Aufträge, beschloß, den Streit in Person zu schlichten.

Die Nachricht von der plötzlichen Ankunft Josef's am 18. Dezember war kaum im päßtlichen Palaste, dem Vatikan angelangt, als man sich eiligst anschickte, den hohen Gast würdig zu empfangen. Doch zur Ueberraschung Aller betrat der Monarch in demselben Augenblick schon die Gemächer des Papstes. Pius VI. empfing ihn aufs Herzlichste, und Josef beobachtete gegen ihn jene zartsinnige Ehrerbietung, welche er ihm schon in Wien bezeigt hatte. Als ihm Pius in der Peterskirche einen Platz in seinem Betschemel anbot, schlug er diese Ehre aus und kniete einige Schritte hinter ihm nieder. Der Eindruck, welchen Josef auf ganz Rom machte, war ein vortheilhafter und stimmte alle Gemüther zu seinen Gunsten. Sein einfaches, leutseliges Wesen, sein absichtliches Vermeiden aller Steifheiten und jeglichen Ceremoniells, nicht minder jene wahre Frömmigkeit, welche aus seinen Worten und seinem Benehmen sprach, zerstreute alle ungünstigen Vorurtheile; kaiserliche Großmuth gewann ihm das Volk. Gegen 30,000 Gulden vertheilte er allein an

Hospitäler sowie unter das Volk. Der Enthusiasmus, den er erregte, sobald er sich blicken ließ, war so groß, daß dies seinen Gegnern neuen Stoff zum Argwohn lieferte, denn öfters, wenn Josef durch die Straße dahin schritt, schrie das Volk begeistert: „Viva il nostro Imperatore!" Es hatte zum ersten Male nach langer Zeit wieder einen „römisch=deutschen Kaiser" gesehen. Als er endlich am 21. Januar Rom verließ und so die ängstlichen Besorgnisse betreffs der Wirkungen der Volksgunst beseitigte, waren Alle mit ihm höchlich zufrieden, und unter diesen war der Papst nicht der Letzte.

Lebhafter als in irgend einem andern Theile der Monarchie entspann sich in den Oesterreichischen Niederlanden der Kampf mit der Geistlichkeit. Hier vertheidigten der Bischof von Mecheln, Kardinal Frankenberg, sowie der päpstliche Nuntius Zondadair die Interessen der Kirche, und sie unter= stützten in heftigster Weise das abergläubische Volk, dessen Gefühle und Vor= urtheile wie in Ungarn durch Josef's Neuerungen aufs Tiefste verletzt waren.

Hier beruhte das ganze bürgerliche Gemeinwesen, Sitte und Gewohn= heiten der einzelnen Landestheile auf althergebrachten Ordnungen und Ge= rechtsamen, seltener auf geschriebenen Rechten. Doch fand das Letztere statt in Brabant, welches ein geschriebenes Recht hatte unter dem Namen der „Joyeuse Entrée" — freudiger Eintritt — weil dieses Recht den Braban= tern beim Einzuge Philipp's des Guten von Burgund in ihre Stadt ver= liehen worden war. In dieser Urkunde stand unter Anderem, daß kein Fremder in den Brabanter Landen angestellt, daß kein Brabanter auswärts gerichtet werden solle; wenn der Fürst die Verfassung nicht hielte, dann sollten auch die Unterthanen zum Gehorsam gegen denselben nicht verbunden sein. Hier in Brabant, wie in den österreichischen Niederlanden überhaupt, hatte die Geistlichkeit großen Einfluß auf das Volk. Sie leitete die Er= ziehung im ganzen Lande, vorzüglich den Unterricht an der Universität Löwen, wo ein Geist waltete, der jede Neuerung verabscheute. Nun reformirte Josef in diesen burgundischen Provinzen, wie überall: er zog Klöster ein, verbot die Brüderschaften, Prozessionen und Wallfahrten, errichtete eine allgemeine große Bildungsanstalt für die Geistlichen, damit sie zu helleren Ansichten kom= men möchten, als auf der Universität Löwen zu erlangen waren; er warf weiterhin das ganze Gerichtswesen um und reformirte die Landesverwaltung. Schon im Jahre 1786 zeigten sich in Brabant Zeichen des Widerstands.

Der fanatische Eifer des päpstlichen Abgesandten verschmähte die ge= fährlichsten Mittel nicht, der Sache, welche er vertrat, den Sieg zu ver= schaffen. Er suchte das Volk aufzuwiegeln, setzte durch Intriguen alle feind= liche Elemente in Bewegung und zwang auf solche Weise den Kaiser, die dem heiligen Stuhl schuldige Ehrfurcht bei Seite zu setzen und seinen Be= vollmächtigten von Brüssel zu entfernen. Allein derselbe setzte seine Ränke von Lüttich aus fort.

Die eingetretene Spannung wurde immer unerträglicher. Der Sturm

brach zuerst in Brabant aus, und es entbrannte hier ein hitziger Streit zwischen den Unzufriedenen, an deren Spitze der Advokat van der Noot stand,
und dem Oberkommandanten der österreichischen Streitkräfte General d'Alton.
In Löwen erregten die Studenten der aufgehobenen Universität einen Tumult,
der jedoch bald unterdrückt wurde. Durch Einführung der neuen Gerichtsverfassung erbittert, forderte nunmehr der Rath von Brabant zum Widerstande auf, und nicht vergebens. Es hieß, die Joyeuse Entrée, der oben erwähnte alte Freibrief aus der burgundischen Zeit, sei verletzt, der Herzog
habe seine Krone verwirkt, die Bande des Gehorsams seien gelöst. Das
Volk erhob sich, man warb zahlreiche Truppen. Zu Beginn des Jahres 1788
hatte die Empörung bereits sehr bedenkliche Gestalt angenommen.

Am 22. Januar entstand zu Brüssel ein Tumult, durch welchen sich der
kaiserliche General d'Alton genöthigt sah, einen Haufen von 3000 Menschen
durch Salven aus einander treiben zu lassen. Die vom Gouvernement ver-
kündigte Vergebung alles Geschehenen verfehlte ihren Zweck und bewirkte
nur, daß die Unzufriedenen, um sich von den Anhängern der Regierung, den
Royalisten, zu unterscheiden, nunmehr Patrioten nannten. Immer bedenklicher wurde die Stimmung des Volkes und der Stände, welche mit größeren Forderungen hervortraten. Der Pöbel überließ sich den niederträchtigsten
Excessen und gefiel sich in den schrecklichsten Grausamkeiten gegen die Opfer
seiner Wuth. Während in Antwerpen einem Patrioten beide Ohren abge-
rissen wurden, erstach ein Gassenjunge in Löwen einen vom Rathhause kom-
menden Schöppen blos deshalb, weil er „kaiserlich" gesinnt war. In Mecheln
entstand ein Aufruhr infolge der Weigerung der Zöglinge, das bischöfliche
Seminarium zu verlassen. Als man sie zwingen wollte, ergriff das Volk ihre
Partei und konnte nur durch Flintenschüsse zerstreut werden. Das ganze Land
gerieth in Bewegung, und wilder Trotz theilte sich allen Gemüthern mit.

Der Kaiser erachtete es nun für rathsam, mit größter Strenge gegen
das aufgeregte Volk der Niederlande aufzutreten. Es ward Befehl gegeben,
sich derjenigen Volksführer zu Brüssel, Antwerpen und Löwen zu bemächtigen, welche sich für die Häupter der aufrührerischen Partei erklärt hatten.
Allein diese Strenge war mehr Schein als Wirklichkeit, denn der kaiserliche
Bevollmächtigte Graf Trautmannsdorf setzte zwar die Stände von den beabsichtigten Maßregeln in Kenntniß, allein sie wurden so zögernd vollzogen,
daß sie ihren Zweck fast gänzlich verfehlten. Doch hatten auch die lauten
Protestationen der Abgeordneten keine andere Wirkung; als sie sich zum Be-
hufe weiterer Maßnahmen im Hotel des Rathes von Brabant zusammenfinden
wollten, fanden sie die Thüren desselben geschlossen.

Der Kaiser, gerade im Begriff, sich mit dem Türkenkrieg zu beschäftigen,
wußte sich nicht anders zu helfen, als dadurch, daß er sein Reformwerk ein-
stellte. Aufgeben wollte er es nimmer; nur unvermerkt und allmählig sollte
ein besserer Zustand herbeigeführt werden.

Wie oftmals Freundschaft und Liebe einzelner Menschen durch Irrthum
und Mißverständniß sich lösen und in tödlichen Haß verkehren, so war es
hier mit dem vorher angebeteten Monarchen und seinen Völkern. Zwar
seine Liebe wechselte nicht, sie blieb unverändert bis an seinen Tod dieselbe.
Die Völker entbrannten in Feindschaft und Haß gegen den, der für sie arbeitete, alle Mühseligkeiten willig ertrug und bereit war, jeden Augenblick
den letzten Athemzug, den letzten Tropfen seines Blutes für sie zu opfern,
um ihr Glück zu begründen.

Nach Aufhebung der sogenannte Joyeuse Entrée regelten kaiserliche
Verordnungen die künftige Verwaltung, die Gerechtigkeitspflege, sowie die
Erhebung der Steuern. Es folgte sodann eine Erklärung des Gouverne-
ments, worin die väterlichen Absichten des Regenten erläutert, die Rechte
der Personen sicher gestellt und das Volk zur Ruhe ermahnt wurde. Der
Eindruck dieser beschwichtigenden Maßregel schlug mit einem Male alle Auf-
wiegelungskünste nieder. Es schien das Schlimmste überstanden zu sein.
Nur ein einziger Beamte weigerte sich, den Eid der Treue zu leisten, das
Volk aber zeigte sich höchlichst befriedigt über die Aufhebung einiger lästigen
Steuern wie die auf Lebensmittel u. s. w. Doch dauerte der Friede nicht
lange. Es gehört überhaupt zu den Eigenthümlichkeiten dieses außerordentlichen Mannes, daß er zu den Sorgen, die ihm aus den allgemeinen Verhältnissen erwuchsen, welche die Zeit brachte, sowie denen, die er selbst mit
hervorrufen half, sich nicht selten durch Uebereilung Verlegenheiten bereitete,
die sich bei größerer Ruhe und Ueberlegung hätten recht wohl vermeiden lassen.
Der Monarch hatte, indem er Staat und Gesellschaft verjüngen wollte, wahr-
lich an sich schon ein überaus schwieriges Werk, viel zu viel auf ein Mal
unternommen. Zur Ausführung so großer Dinge gehörte vor Allem Geduld,
fester Wille, langes Leben und — eine Reihe friedlicher Jahre. Aber wiewol Josef dies gar wohl wußte, gewann nicht selten sein Eifer, seine Leidenschaftlichkeit die Oberhand über die Erwägungen seines Verstandes. Statt
friedfertig gegen seine Nachbarn gesinnt zu sein, zeigte er bisweilen nicht
übel Lust, dieselben seine Uebermacht fühlen zu lassen. Gleich in den ersten
Jahren seiner Regierung kam es zu Mißhelligkeiten mit den Vereinigten
Holländischen Provinzen in Betreff der freien Schelde-Schiffahrt, die fast
zu blutigen Kämpfen geführt hätten; vorher schon hatten die hochmögenden
Herren in Amsterdam ruhig zugesehen, wie der unternehmende Kaiser die
Festungen ruhig schleifen ließ, in welchen sie nach alten Verträgen das Be-
satzungsrecht besaßen. Jetzt stellte Josef die Forderung, sie sollten gegen
anderweitige Verwilligungen die ihnen zustehende Handelssperre am Ausfluß
der Schelde aufheben. Sie widersprachen; Fürst Kaunitz, der erprobte, greise
Minister des Kaisers, war überzeugt und versicherte das seinem Gebieter, daß
sie sich den aus- und einlaufenden Schiffen mit gewaffneter Hand widersetzen
würden. Der Monarch traute diesem Volke von Krämern den Muth nicht zu.

„Sie wagen nicht, zu feuern", sagte er am Schlusse der ziemlich heftigen Unterredung und befahl, den Versuch zu machen. In diesem Falle aber glaubten die Herren, es gehe ihnen ans Brot, ihr Handel werde Noth lei= den, und zwangen mit Kanonenkugeln die Antwerpener Schiffe zur Umkehr. Der Minister schickte die Depesche, welche dies meldete, an den Kaiser mit dem einfachen Zusatz: „Die Holländer haben geschossen." Der Monarch, der einen allgemeinen Krieg befürchten mußte, entsagte seinen Ansprüchen gegen eine Entschädigung von zehn Millionen Gulden: immerhin ein an= sehnliches Trinkgeld, wie es Friedrich II. nannte.

Konnte der Kaiser hierbei auch seinen Willen nicht durchsetzen, so gelang es ihm doch um so besser, den Handel der belgischen Städte, sowie den der Seestädte am Adriatischen Meere zu heben, den Verkehr mit der Türkei durch günstige Verträge zu befördern und auf mancherlei Art für den Wohlstand seiner Länder zu sorgen. Er baute Kanäle und Chausseen und legte die große Handelsstraße von Wien durch Mähren, Schlesien nach Galizien bis zur russischen Grenze an, dabei ermunterte er fleißige Gewerbtreibende und strebsame Fabrikanten. Die einheimische Industrie stand damals noch sehr gegen die des Auslandes zurück. Er begünstigte das Anlegen von Fabriken, und um den Erzeugnissen Absatz zu verschaffen, erließ er das Verbot der Einfuhr ausländischer Waaren. Dabei ging er selbst stets mit gutem Beispiel voran: so schickte er die auswärtigen, kostbaren Weine aus dem kaiserlichen Keller in die Hospitäler und ließ dafür edle Ungarweine einlagern; eben so verbrauchte er nur Möbel und Stoffe aus einheimischen Fabriken. Da der Schmuggel mit fremden Waaren nicht völlig verhütet werden konnte, ließ er mehrmals ausländische Luxusartikel öffentlich verbrennen.

Zusammenkunft mit Katharina II.

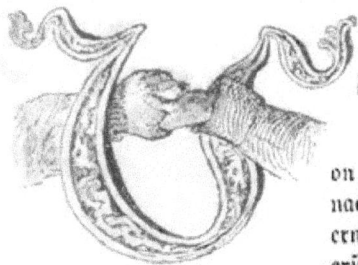

9. Bündniß mit Rußland gegen die Türkei. Die belgischen Wirren.

on allen politischen Aufgaben, welche Josef nach Besitzergreifung der Regierung stetig ernstlicher wieder ins Auge faßte, stand in erster Linie diejenige: den in Petersburg persönlich gewonnenen Einfluß zur Erlangung des Uebergewichts über Preußen zu steigern. Katharina II. kam ihm dabei auf halbem Wege entgegen, und so gediehen die Unterhandlungen bald zu einem Schutzbündniß zwischen Oesterreich und Rußland, wodurch sich beide Mächte gegenseitig ihren Besitzstand gewährleisteten. Nächstdem war es auf den türkischen Nachbar abgesehen.

Mißhelligkeiten zwischen Rußland und der Türkei bestanden schon seit längerer Zeit, weil nach Abschluß des letzten Friedens zwischen Rußland und der Pforte zwei Punkte streitig geblieben waren: die Unabhängigkeit der Krim und die freie Schiffahrt durch die Dardanellen. Nachdem letztere hatte zugestanden werden müssen, hetzte der Großherr die Unterthanen des Khans der Krim gegen ihren Gebieter auf, von welchem es bekannt war, daß er zu Rußland hielt. Daraus entstanden verschiedene neue Streitigkeiten, welche damit endigten, daß Katharina die Krim'sche Halbinsel sowie die Insel Taman im Einverständniß mit dem Khan unter ihre Herrschaft nahm. Daß dies wiederum böses Blut im Palaste des Sultans und seiner Umgebung erregte, ist leicht begreiflich. Oesterreich ließ es sich angelegen sein, den drohenden Bruch zwischen Rußland und der Pforte zu verhindern; dies aber stimmte die Türken keineswegs gegen Oesterreich friedlicher. Vielmehr ward dem Belgrader Frieden zuwider die Befestigung der wichtigen Festung Belgrad verstärkt, die kroatischen Grenzwachen mit bewaffneter Hand verscheucht und kaiserliche Schiffe von Belgrad aus durch Kanonenschüsse in Gefahr gebracht.

Trotz dieser Beleidigungen beharrte Josef zunächst noch auf dem Wege friedlicher Unterhandlungen. Er begab sich 1783 selbst in die ungarischen Donauländer, und sein Erscheinen an der türkischen Grenze reichte hin, die Türken von weiteren Uebergriffen abzuhalten. Rußland blieb im Besitz der Krim, und Oesterreichs gerechten Forderungen ward durch Abschließung eines Handelsvertrages abgeholfen. Mehrere Jahre, bis 1786, währte der hierdurch hergestellte Zustand. Die Belästigungen österreichischer Unterthanen durch die benachbarten Moslems hatten während dieser Zeit jedoch niemals aufgehört, und so glimmte die Flamme langjährigen, schwer verhaltenen Grolles unterdessen fort. Daneben traten während dieser Zeit des Kräftesammelns die Absichten der Zarin, Konstantinopel zu erobern und die Türkei zu theilen, immer klarer hervor. Katharina, in der Absicht, sich darüber mit Josef zu verständigen, reiste im Jahre 1787 nach der neu erworbenen Provinz Krim, welche durch der Kaiserin Fürsorge und Potemkin's trügerische Kunst bereits so umgestaltet war, daß der Franzose Ségur, welcher sich in der Gesellschaft der Zarin befand, von den landschaftlichen Reizen der neuen Erwerbung eine überaus anziehende Schilderung entwerfen konnte. Dorthin begab sich auch Josef II., und man hielt es allgemein für ausgemacht, daß bei dieser Gelegenheit von den beiden östlichen Großmächten eine gemeinschaftliche Unternehmung gegen die Türkei verabredet worden.

Josef II. beeilte sich jedoch keineswegs, dem Ehrgeiz Katharinens in dem erwarteten Maße entgegen zu kommen. Konstantinopel, meinte er, werde wol für immer der Zankapfel bleiben, welcher eine Einigung der großen Mächte Europa's behufs Theilung des türkischen Reiches unmöglich mache. Außerdem aber sah sich der Kaiser durch die belgischen Wirren gerade zu dieser Zeit ganz besonders in Anspruch genommen; dies mag wol in erster Reihe mit am meisten dazu beigetragen haben, die eigenen Wünsche etwas abzukühlen. Dennoch überhäufte Katharina ihren Gast bei dieser Gelegenheit mit Aufmerksamkeiten aller Art und verlieh einem damals vom Stapel gelaufenen Kriegsschiffe von 80 Kanonen den Namen Josef II.

Die Vorgänge in der Krim mußten die Pforte mit den größten Besorgnissen erfüllen. Sie rüstete ihre Land- und Seemacht, während Rußland 120,000 Mann auf der Halbinsel zusammenzog und eine Flotte bei Sebastopol aufstellte. Josef neigte sich fortwährend der Erhaltung des Friedens oder wenigstens der Hinausschiebung des Krieges zu. Mittlerweile hatten sich die Beziehungen zwischen dem Kaiserhofe zu Wien und Friedrich II. von Preußen keineswegs gebessert, eben so hatte sich der innere Zustand der öster= reichischen Monarchie von Jahr zu Jahr in bedenklicher Weise verschlimmert. Josef suchte nach einem Anhalte, und da sich ihm anderswo kein solcher darbot, so ward er immer mehr in eine Richtung gedrängt, die sein Schicksal an die ehrgeizigen Entschließungen Katharina's fesselten.

Eine Haupturfache der neuen Verstimmung zwischen Oesterreich und Preußen beruhte in dem Wiederauftauchen des so lange gehegten und ver= folgten Projekts eines Austausches von Bayern gegen die Niederlande, wozu der regierende Kurfürst Geneigtheit zu erkennen gab. Welch ein schwieriger Besitz die Niederlande für Oesterreich von jeher waren, dafür sprachen laut genug und auch diesmal wieder traurige Thatsachen. Weder die geographische Lage, noch die Landesverfassung, weder der Charakter des Volks, noch irgend ein moralisches und staatswirthschaftliches Bedürfniß der Niederlande paßten zu einander oder standen in näheren Beziehungen zu Oesterreich, das außerdem niemals den Werth jenes Besitzes zu schätzen wußte. So unbequem die Nieder= lande erschienen, so vortheilhaft und einladend dünkte dagegen der Besitz von Bayern. Mit diesem werthvollen Lande vereinigt, würde Oesterreich seinen Staatenkomplex nach Westen besser abgerundet gesehen, den ganzen Lauf der oberen Donau, so weit sie schiffbar ist, erworben und dadurch eine höchst vor= theilhafte Verbindung mit dem deutschen und dem europäischen Westen gewon= nen haben.

Diese außerordentliche Verstärkung der Stellung Oesterreichs in Deutsch= land entging dem Scharfblicke Friedrich's II. keineswegs. Um das weitere Umsichgreifen Oesterreichs zu verhindern, setzte sich Friedrich II. mit einer Anzahl deutscher Reichsstände in Verbindung und stiftete den Deutschen Fürstenbund, eine Vereinigung der mächtigsten Fürsten Deutschlands zur Aufrechthaltung der Verfassung des Reichs, sowie des rechtmäßigen Besitz= standes der deutschen Fürstenhäuser. Dem Bündniß schlossen sich noch viele andere Reichsstände an, so daß am Ende nur Württemberg, Oldenburg, Hessen=Darmstadt, Kur=Köln, Münster und Trier noch auf der Seite des Kai= sers standen. Friedrich's Absicht war somit erreicht, der Bund — geschlossen. Man kann jedoch nicht sagen, daß derselbe in der Folgezeit, als kurz darauf Friedrich vom Schauplatze der Welt abtrat und Josef ihm bald nachher in das Grab nachfolgte, zu besonderer Bedeutung und Wirksamkeit gelangt wäre.

Alle jene Josef II. umringenden Verlegenheiten, die Befürchtungen vor dem Fürstenbunde, die Stimmung Ungarns und die Wirren im Westen der Oesterreichischen Monarchie, kannten die Räthe des Sultans sehr wohl. Es stand kaum zu erwarten, daß Oesterreich in der Lage sein würde, Rußlands feind= liche Absichten gegen die Türkei mit den Waffen in der Hand zu unterstützen.

5 *

Der erste Minister des Sultans schien seiner Sache so gewiß zu sein, daß er in übermüthigster Weise Forderungen an Rußland stellte, worauf die Kaiserin nur mittels einer Kriegserklärung antworten konnte. Jetzt war auch die Zeit des Handelns für Oesterreich gekommen. Es rüstete, und zwar mit Macht.

Außer der Hauptarmee, an deren Spitze sich der Kaiser selbst zu stellen dachte, wurden in Galizien, Siebenbürgen, im Banat und in Kroatien Streitkräfte aufgestellt. Das gesammte kaiserliche Kriegsheer bestand aus 245,000 wohlgerüsteten Mann Fußvolk und 36,000 Reitern, die Feldartillerie aus 900 Kanonen.

Weniger imposant war die Streitmacht, mit welcher Rußland auftreten konnte, weil sich zur selben Zeit der unternehmende König Gustav III. von Schweden zum Angriff auf den gewaltigen Nachbar rüstete. Indessen schien das österreichische Heer für sich allein schon stark genug, dem Sultan Achtung einzuflößen und die Pforte zur Besinnung zu bringen, natürlich unter der Voraussetzung, daß es der Armee an einer geschickten Führung nicht fehle.

Gemäß des verabredeten Kriegsplanes sollten die Russen unter Roman zoff, unterstützt von ihren Flotten im Schwarzen Meere, Bessarabien, die Moldau und Walachei besetzen und sich der unteren Donau bemeistern; die Aufgabe der österreichischen Hauptarmee dagegen dahin gehen, die Festungen Schabacz, Belgrad und Widdin zu nehmen und sich Serbiens zu bemächtigen.

Der Winter 1787/88 verging unter Rüstungen und unwesentlichen Plänkeleien. Noch bis zur letzten Stunde hegte Josef die Hoffnung, es werde sich die Wiederherstellung friedlicher Beziehungen bewerkstelligen lassen. „Wenn es nicht zum Frieden kommt, so brennt es bald lichterloh in allen vier Welttheilen!" äußerte er gegen den preußischen Gesandten. Dabei versicherte er die diplomatischen Vertreter der befreundeten Mächte, für sich an keine Eroberungen zu denken, während er ununterbrochen, unter Beihülfe der Generale Laudon und Lascy, an den Entwürfen zum nächsten Feldzug arbeitete. Selbst in diesen sorgenvollen Tagen hatte ihn die ihm angeborene Heiterkeit nicht gänzlich verlassen. Gelegentlich eines Zusammentreffens der eben erst genannten hohen Militärs war es, daß er denselben die Frage vorlegte: „Wie viel Zeit sie wol zur Eroberung Belgrads brauchen würden?" — „Wenn Alles an Ort und Stelle ist, was zur Belagerung gehört", antwortete Laudon, „so getraue ich mir in zehn bis zwölf Tagen damit zu Stande zu kommen." Lascy bezweifelte dies, aber Josef klopfte ihm lächelnd auf die Schulter, indem er beschwichtigend sagte: „Pst! pst! wir Beide müssen ihm dies schon glauben, lieber Lascy, denn wir Zwei haben noch keine Festung eingenommen."

Der Krieg war nun entschieden. — Bevor wir uns aber auf den Schauplatz desselben an der Donau begeben, müssen wir zuvor einen Blick auf die Verwicklungen werfen, welche sich unterdessen in den Niederlanden bis zu einem Grade geschürzt hatten, daß eine friedliche Beilegung nicht mehr zu erwarten stand.

10. Abfall der österreichischen Niederlande.

er Einfluß der damaligen Ereignisse in Frankreich, wo man anfing, die königliche Würde auf ein bisher beispiellose Weise in den Staub zu ziehen, die Aufruhrscenen in der Hauptstadt, die schreck= lichen Thaten der Volksjustiz entzündeten in den Niederlanden die kaum beruhigten Gemüther aufs Neue und erfüllten selbst die weniger Entschlosse= nen, welche in den Vorgängen des Nachbarlandes Beispiele siegreicher Volks= gewalt vor sich gehen sahen, mit neuer Zuversicht. Das Fortschreiten der fran= zösischen Revolution wirkte verführerisch und brachte auch den leicht entzünd= baren Geist der Brabanter und Flamländer wieder in Erregung. Der Stell= vertreter des Kaisers ward durch die Vorzeichen des Aufruhrs geängstigt und verlangte Verstärkung der Militärmacht. Allein d'Alton, der Oberbefehls=

haber der kaiserlichen Truppen, hielt die Heranziehungeines einzigen Regiments für genügend, mehr um die furchtsame Regierung zu beruhigen, als weil er sich von der Nothwendigkeit einer militärischen Machtentfaltung überzeugen konnte.

Schon gegen Ende Juli 1788 war die Unzufriedenheit in Mons, Antwerpen, Löwen und Namur in allgemeine Gährung umgeschlagen, und in Tirlemont kam es zur offenbaren Empörung. Die Verhaftung eines Unruhestifters, der sich auf Lüttich'schen Boden geflüchtet hatte und nun wieder in Tirlemont erschien, brachte die ganze Stadt in Bewegung. Man läutete die Sturmglocke, befreite den Gefangenen, und ein mit Flinten, Pistolen und Sensen bewaffneter Haufen zwang die schwache Besatzung, sich zurückzuziehen. Die Empörer plünderten nun die Provinzialkasse, demolirten etliche Häuser und hielten Stadt und Umgegend in Aufregung.

General d'Alton, dem die Vertheidigung des Landes zukam, traf seine Maßregeln, beging dabei jedoch den großen Fehler, seine an sich unzureichenden Kräfte in fliegenden Corps und Cordons zu zersplittern. Noch immer hielt er den Aufstand für ungefährlich und die militärischen Kräfte der „Patrioten" für ungenügend. Indessen müssen dieselben doch keineswegs so unbedeutend gewesen sein, vielmehr werden sie von zeitgenössischen Berichterstattern auf 30,000 Mann geschätzt. Bald verbreitete sich die Bewegung über das ganze Land. An den Grenzen, im holländischen Brabant und im Stifte Lüttich sammelten sich immer stärker anschwellende Freicorps, welche, so lange sie noch keine Waffen hatten, mit Stöcken exerzirten. Nun traf ein Unfall nach dem anderen die Vertreter des Kaisers in Brabant und Flandern. Die Forts Lille und Lieffenshoek gingen verloren. General Schröder, von Verräthern irregeleitet und über die Beschaffenheit und Stärke der Feinde getäuscht, ward nach Turnhout gelockt, wo er mit Uebermacht vom Volke in den Straßen überfallen und, aus Kellerlöchern, Fenstern und von den Dächern herab angegriffen, genöthigt ward, sich mit Verlust einer Kanone zurückzuziehen (27. Oktober). Dagegen war durch die Wachsamkeit des Generals d'Alton in Brüssel eine dem Ausbruch nahe Verschwörung unterdrückt worden, und das hatte eine allgemeine Entwaffnung der Hauptstadt zur Folge. Mit Zunahme der Unfälle der Regierung steigerte sich natürlich die Zuversicht der Aufständigen; dagegen verschlimmerte sich die Stimmung in den Reihen der kaiserlichen Armee, der Geist der Meuterei regte sich. Die Truppen, welche Hennegau besetzt hatten, verließen diese Provinz ohne Schwertstreich schon auf die erste Nachricht von der Ankunft einiger hundert Insurgenten, welche jedoch niemals anlangten. Der Aufruhr mußte triumphiren, als im ganzen Heere Verrath und Untreue immer offener ihr häßliches Haupt erhoben, wodurch die ohnehin schwachen Kräfte der Regierung immer mehr herabgebracht wurden. Statt unter den steigenden Bedrängnissen zusammenzuhalten, geriethen auch noch d'Alton und der kaiserliche Bevollmächtigte, Graf Trautmannsdorf, einander in die Haare. Dieser klagte über Langsamkeit der militärischen Operationen, Jener über Mangel an Unterstützung Seitens der Regierung, durch welche seine Kräfte gelähmt würden. Man sah in Wien nun endlich ein, daß unter solchen Umständen Alles auf dem Spiele stehe, und sandte — viel zu spät — den Grafen Cobenzl ab, um zu retten, was noch zu retten war.

Bei Ankunft desselben waren jedoch die Verwicklungen schon zu weit gediehen, so daß ihm weder ein Mittel der Güte noch der Gewalt übrig blieb. Der landesflüchtige Noot, eines der Häupter der aufständischen Partei, erklärte in einer öffentlichen Ansprache „als bevollmächtigter Minister des Volkes von Brabant" den Kaiser aller seiner Rechte an das Land verlustig. Trautmannsdorf ließ allerdings dieses Manifest durch Henkershand verbrennen. Die Dinge nahmen aber doch ihren Verlauf. Es half nichts, daß man in Mons und in Antwerpen auf kurze Zeit den Dämon des Aufruhrs gebändigt hatte: — bald nachher brachen ernstliche Unruhen in Flandern aus, und kurz nach einander sagten sich Gent, Brügge, Ostende, zuletzt auch wiederum Antwerpen und Mons von der österreichischen Herrschaft los. Am 18. November 1789 mußte der Statthalter des Kaisers und sein Anhang die Hauptstadt Brüssel verlassen. Die Lage der Regierung war nach dem Abfall von Flandern und Hennegau sowie der gestörten Verbindung mit Luxemburg verzweifelt; d'Alton getraute sich nur noch die Hauptstadt Brüssel im Zaume zu halten. Nach Ablauf des mittlerweile vereinbarten Waffenstillstandes erfolgte jedoch auch in Brüssel, am 10. Dezember, die Losung zum Aufstand. Die Wache an den Thoren, die erkauft war, sowie zwei Compagnien vom Regimente Murray gingen zu den Aufrührern über. Gezwungen, Gewalt mit Gewalt abzuwehren, ließ d'Alton nun auf die drohende Menge feuern, worauf die Bürger sich zusammenscharten und zum Aeußersten schritten. Auf den Straßen ward blutig gekämpft, aus den Fenstern auf das Militär geschossen: bereits um 11 Uhr befand sich der Marktplatz im Besitze der Empörer und die Besatzung sah sich gezwungen, in den oberen Stadttheil zu ziehen. Am 12. auch hier angegriffen, blieb d'Alton schließlich nichts übrig, als die Stadt zu verlassen. Der Verlust von Brüssel zog den von Löwen, Antwerpen, Mecheln und Namur unmittelbar nach sich. Am 14. zog der „Patriot" van der Mersch in Brüssel ein und am 17. hielt van der Noot, sammt den übrigen Häuptern der nationalen Partei, seinen feierlichen Einzug in die Hauptstadt.

Der Abfall der Niederlande war entschieden. Die Archive sowie der öffentliche Schatz wurden eine Beute der siegenden Empörung: d'Alton und Trautmannsdorf fanden nirgends Schutz und mußten das Land verlassen. Sie wandten sich mit dem Reste der treugebliebenen Truppen vorerst nach Luxemburg. Schon am 13. Dezember 1789 wurde feierlichst die Unabhängigkeit von Flandern, Brabant und Hennegau ausgerufen, wenige Tage später die erste Staatenversammlung eröffnet, auf welcher die Abgeordneten der betreffenden Provinzen zur Bildung eines neuen Staates unter dem Namen „Vereinigte Staaten von Belgien" zusammentraten.

Josef bei Schabacz.

11.

Der Krieg gegen die Türkei.

ährend das furchtbare Drama der Re=
volution in Belgien sich fast gleichzeitig
mit der Pariser vollzog, stand Kaiser
Josef mit seinen Armeen an der unteren
Donau, im Kampf gegen die Türken begriffen. Vor
seiner Abreise legte er in die Hände des Fürsten
Kaunitz seinen letzten Willen nieder und that hier=
durch kund, daß er entschlossen sei, den Krieg
nicht als Kaiser, sondern als Feldherr zu führen.

Er begann den Feldzug mit einer Mäßigung und Menschlichkeit, welche wol seinem Charakter, keineswegs aber den traurigen Geboten der Kriegskunst entsprachen, noch viel weniger dem Beispiele Friedrich's des Großen, den er sich zum Muster genommen. Wiewol kein Held des Krieges, ließ er sich doch aus Liebe zum Ruhme verleiten, das blutige Geschäft des Krieges zu versuchen und dasselbe nach jenen Grundsätzen zu leiten, welche er für maßgebend erachtete, wenn es sich um Werke des Friedens handelte. Von der Natur ausgerüstet, durch friedliche Thaten zu beglücken, ging ihm jenes Genie ab, das, alle Verhältnisse mit geübtem Blicke überschauend, kalt, rasch und entschlossen den Sieg zu erfassen weiß. Das wußten Alle, welche dem Kaiser näher getreten, und auch die Wiener sahen daher voll Mißmuth ihren Kaiser persönlich an einem Kriege theilnehmen, an dessen schlimmen Ausgang sie lieber glauben mochten als an eine siegreiche Beendigung, schon weil sie einen erklärten Menschenfreund, wie Josef, gerade solcher Eigenschaften willen nicht für geeignet hielten, ein Kriegsheer zum Siege zu führen. Trotz der schlechten und veralteten Kriegsverfassung der Türkei war es doch nicht so leicht, die türkischen Horden bis über den Hellespont zu verscheuchen.

Der Kaiser empfand dies sehr wohl und übertrug daher dem gelehrten Feldmarschall Lascy, seinem väterlichen Freunde, den Oberbefehl über die ganze Armee. Den Mann aber, der so oft ruhmvoll Oesterreichs kriegerische Scharen zum Siege geführt hatte, der mit dem Großen König mehr wie einmal um den Preis des Sieges gerungen, ja ihm etliche Mal den Lorber entrungen: den tapferen, damals freilich schon etwas gebrechlichen Laudon, ließ man unbeschäftigt in Wien zurück.

Ein harter Kampf stand bevor, ein Angriffskrieg, bei dem es galt, in dichten Massen, weder rechts noch links schauend, rasch anstürmend in Feindesland vorzudringen und mit zerschmetternden Schlägen die feindliche Macht niederzuwerfen. Der vorsichtige Lascy kalkulirte auch einen sehr gelehrten Plan aus, um die ganze, weite Grenze vor feindlichem Einbruch zu bewahren. Er ließ die russischen und österreichischen Armeen eine lange Vertheidigungslinie bilden vom Schwarzen bis zum Adriatischen Meere. Da war man dann überall zum Angriff und zum Widerstande zu schwach, gelähmt und unfähig, einen entscheidenden Schlag auszuführen.

Dem zögernden Vorgehen entsprachen die Erfolge. Schon Ende Juni 1788 beliefen sich die Kriegskosten auf 64 Mill. Gulden, die Art der Kriegsführung verzehrte unermeßliche Kriegsmittel. Die Armee brauchte täglich 8000 Centner Mehl und 2000 Ochsen. Statt die Belagerung von Belgrad als wichtigstes Unternehmen zu betreiben, und darauf die ganze Kraft des Heeres zu verwenden, wurde Schabacz an der Save, der Verbindungspunkt zwischen Syrmien und Serbien, genommen. Diese Unternehmung leitete Josef in eigener Person, und er setzte sich dabei so sehr aus, daß eine feindlich Stückkugel kaum drei Schritte von ihm drei Mann auf ein Mal zu Boden riß.

Im Mai endlich marschirte man auf Belgrad los. Bereits sollte die Umzingelung des wichtigen Platzes vollzogen werden, als plötzlich ein Gegenbefehl des Kaisers die erlassenen Anordnungen widerrief. Während der Kaiser nach diesem unerklärten Vorgange seine Truppen im Banat zusammenzog und verstärkte, vermehrten auch die Türken ihre Besatzung in Belgrad, von wo aus sie Ausfälle gegen ihre Feinde unternahmen. Unter solchen Umständen blieb kaum noch ein guter Ausgang des Feldzugs zu hoffen; ja immer ungünstiger gestalteten sich die Verhältnisse der Armee. Die ungesunde Luft erzeugte im heißen Sommer Fieber, Ruhr und andere schwere Erkrankungen. Der Krankenstand stieg während eines Monats auf 20,000 Mann; die Unthätigkeit vernichtete den guten Geist der Regimenter, deren Reihen sich täglich mehr und mehr lichteten. Offiziere und Soldaten ergriff das Gefühl äußersten Mißbehagens. Die Generale verloren das Vertrauen ihrer Untergebenen, und der Kaiser sah sich vom Spott und Verdruß seiner Leute arg mitgenommen. Er that alles Mögliche, dem eingebrochenen Verhängniß Einhalt zu gebieten: er befahl die Mannschaften thunlichst zu schonen und verbat sich persönlich alle militärischen Ehrenbezeigungen. „Wer sitzt, bleibe sitzen, wer liegt, bleibe liegen, „lautete der Befehl. Weiterhin ließ er den Leuten auf seine Kosten ein besseres Frühstück verabreichen, er sprach den Soldaten freundlich zu, besichtigte die Spitäler, kurz, es wurden alle erdenklichen Mittel angewandt, um Leben, Gesundheit und guten Muth der Mannschaft zu erhalten. Aber die giftigen Dünste der Niederungen ließen sich nicht verscheuchen, sie fuhren fort, Tausende von Opfern wegzuraffen. Wegen der sengenden Hitze während der heißen Tage waren der Kaiser und seine Armee genöthigt, leichte Leinwandkleider anzulegen, und sie empfanden nun doppelt die feuchtkalte Nachtluft eines Klimas, das die kräftigsten Menschen abspannt und zur Trägheit geneigt macht. Um sich nur einigermaßen gegen die schlechte Luft zu waffnen, mußte man sich zum Genuß starker Getränke, sowie zum steten Tabakrauchen bequemen, und selbst Josef konnte sich Dem nicht entziehen, obgleich ihm gerade Ersteres ganz besonders zuwider war.

Nach wie vor setzte sich der Kaiser während des unglücklichen Feldzuges allen Gefahren des Krieges aus; er theilte mit dem gemeinen Manne das schwarze Brot, ertrug mit ihm den glühenden Brand der Sonne und die quälenden Stiche der Fliegenschwärme, bis er schließlich selbst vom Faulfieber befallen ward. Aber auch während unsäglicher Leiden gönnte er sich die nöthige Ruhe nicht. Man besitzt Depeschen in Wien, welche der Kaiser damals unter freiem Himmel ausfertigte. So vergingen sechs Monate, ohne daß sich die Hauptarmee der Pforte sehen ließ. Wie jetzt die Sachen standen, konnte Josef einen mißlichen Ausgang nicht mehr abwenden, und selbst die Erfolge des Prinzen Josias von Sachsen-Koburg, der auf dem äußersten linken Flügel mit großem Glücke in der Moldau kämpfte, vermochten die Lage der Hauptarmee kaum noch zu bessern. Wol langte im Juni 1788 die

Nachricht an, daß der Großvezier mit seinem Heere gegen Widdin vorrücke; aber es vergingen wiederum Wochen, ohne daß etwas Besonderes geschehen wäre. Allerdings fehlte es nicht an einzelnen schönen Waffenthaten, allein sie führten keine wichtigen Erfolge herbei.

Vertheidigung der Türken.

So kämpfte unfern von Semendria am 28. Juni eine Handvoll tapfere Männer, etwa 20 bis 30 Mann, mehrere Stunden lang gegen 4000 Türken und ließen sich unter den Trümmern des Schlosses Rama, das sie besetzt gehalten hatten, begraben. Ebenso wiesen 4000 Oesterreicher am Passe Bozza 10,000 Türken mit blutigen Köpfen zurück: alle diese kleinen Vorfälle jedoch brachten eine vortheilhafte Wendung des Kampfes natürlich nicht zu Wege.

Immer trüber äußerte sich die Stimmung des Heeres. Die Beschwerden des Lagerlebens in Verbindung mit der üblen Witterung forderten neue Opfer;

die Muthlosigkeit aus dem Lager verbreitete sich über die gesammte Monarchie. Vor Allem wünschte man eine verständigere Kriegsleitung und hoffte eine Wendung zum Besseren, wenn Laudon an die Spitze der Armee berufen werde; dieser aber, seiner Gebrechlichkeit sich bewußt, war zweifelhaft, ob sein Eifer für Oesterreichs Ehre das erlittene Ungemach von der Armee, an deren Spitze der Kaiser stand, hätte abwenden können. Als er von den Unfällen und schweren Mißgriffen im Laufe des Feldzuges hörte, brach er in die Klagen aus: „Ach, wäre ich doch jung in der Schlacht gefallen, damit ich nicht in der Ohnmacht meines Alters so viel Ungemach über meinen Herrn und Kaiser hereinbrechen sehen müßte!"

Als das Verlangen der Armee, den alten Kriegshelden bei sich zu sehen und unter seinem Oberbefehl zu streiten, immer vernehmlicher zu des Monarchen Ohren drang, beeilte sich Josef, wenigstens diesen Wunsch zu erfüllen. Er schrieb nunmehr an den getreuen Laudon: „Ich befehle Ihnen nicht, mein lieber Feldmarschall Laudon, das Kommando meiner Truppen zu übernehmen, aber ich bitte Sie, es zum Besten des Staats und aus Liebe für mich anzunehmen." Ueberwunden durch so viel Huld, gehorchte Laudon den Wünschen des Kaisers, erbat sich jedoch unbeschränkte Vollmachten, welche ihm auch bewilligt wurden.

Laudon, damals allerdings schon ein Siebziger, hatte gleich bei Beginn des Krieges dem Kaiser seine Dienste angeboten, war indessen abgewiesen worden, indem ihm Josef freundlich auf die Schulter klopfend zur Antwort gab: „Mein lieber Laudon, Sie haben schon das Ihrige gethan; Sie sind schon gebrechlich, genießen Sie lieber Ihre Tage in Ruhe." Schließlich hatte man aber doch auf den „gebrechlichen" Helden zurückgegriffen.

Seine Ernennung zum Generalissimus wirkte wahrhaft elektrisirend. Am 12. August nahm er Abschied von seinem Freunde, dem Staatskanzler; sogleich füllte sich der Platz vor dem Hause mit Menschen. Die freudigen Zurufe wollten kein Ende nehmen. Schon am 13. reiste er aus seinem Absteigequartier in der Wollzeile ab; auch hier befand sich eine große Volksmenge auf den Beinen, um dem bewährten Feldherrn zum Abschied Aeußerungen der Freude und Ehrfurcht darzubringen. Josef hatte den Befehl ertheilt, aus seinen eigenen Ställen und Vorräthen Wagen, Pferde, Feld- und Küchengeräth, Weine, kurz Alles zur Verfügung zu stellen, was Laudon zum Gebrauche nöthig hätte, um dessen Ankunft beim Heere zu beschleunigen. Jubelnd wurde er von den Truppen im Lager vor Dubitza empfangen. Der 18. August wurde für die Soldaten in den Niederungen der Donau zu einem wahren Festtage. Der Mann ihres Vertrauens befand sich wieder unter ihnen wo sich Laudon nur erblicken ließ, da erfüllte lauter Jubel die Luft. Einige ergraute Soldaten, welchen der Zuruf „Hoch Vater Laudon!" oder „Es lebe Held Laudon!" noch zu wenig schien, schrieen gar: „Es lebe der heilige Laudon!"

In derselben Nacht zeigte Laudon den Türken seine Ankunft an, indem er nach vollendeter Rekognoszirung und Besichtigung der Feldarbeiten ein feindliches Corps schlug. Dort freilich, wo seine Befehle nicht hinreichten, da besserte sich auch die Lage der Dinge nicht, vielmehr brachen noch manche Unglücksfälle ein. Die türkische Hauptmacht hatte sich mehr gegen die Donau hingezogen und breitete sich nun immer weiter in den fruchtbaren Ebenen des Banates aus. Und nun geschah gerade Das, was man durch den Rückzug des kaiserlichen Heeres hatte vermeiden wollen: das Land litt unsäglich, seine Bewohner flüchteten, grausame Verwüstungen bezeichneten aller Wege die Gegenwart der türkischen Horden.

Ernst Gideon Freiherr von Laudon.

Die Rathlosigkeit im kaiserlichen Hauptquartier herrschte auch während dieser Zeit fort. Unentschlossen, hielt man sich in wohlgewählter Stellung nicht mehr sicher, als die Türken sich anschickten, sich aller wichtigen Pässe zu bemeistern, um die feindliche Armee von ihren Verbindungen abzuschneiden. Dies bestimmte die Hauptarmee, sich in eine geeignetere Stellung bei Karan= sebes zurückzuziehen.

Hier nun ereignete sich jener grauenhafte Vorfall, der besser als jedes andere Ereigniß in diesem ruhmlosen Feldzuge den Zustand des kaiserlichen Hauptheeres bezeichnet. Bei dem Marsche gegen Karansebes, während einer hellen Mondnacht, brachte ein an sich geringfügiger Umstand alsbald das

ganze Heer in Verwirrung. Einige Husaren waren mit Soldaten eines Freicorps wegen Branntwein in Händel gerathen. Die Letzteren, zurückgetrieben,
brannten nun wuthschnaubend ihre Gewehre auf die Ersteren ab, laut „Turki!
Turki!" schreiend. Dieser Ruf während der Nacht schreckte die nächstfolgen-
den Leute vom Fahrwesen auf. Mit dem wilden Getöse, das nunmehr sich
erhob, vereinigte sich der laute Kommandoruf „Halt! halt!", den man für
das Allahgeschrei angreifender Moslem hielt. Und nun entstand eine kaum
glaubliche Verwirrung unter den dahinziehenden Schaaren. Diejenigen, welche
sich einer augenblicklichen Ruhe überlassen, erwachten und feuerten in ihrem
blinden Eifer auf die Leute los, denen die Besorgung des Gepäckes oblag.
So gerieth der Troß in eine beispiellose Zerrüttung; die Pferdelenker schnitten
die Sattelgurten ab, ließen Wagen und Lasten auf der Straße zurück und
flohen auf den befreiten Pferden davon. Auf den Ruf: „Die Türken sind
da! Rettet Euch! Alles ist verloren!" zerschnitten auch die Fuhrknechte der
Artillerie die Stränge und jagten hinter den Flüchtigen drein. Dazwischen
hinein feuerten ganze Züge ihre Gewehre ab, ohne zu wissen warum und auf
wen: kurz, die ganze Straße war bedeckt mit wie toll dahinrasenden Menschen-
schwärmen zu Fuß, zu Pferd, im Wagen — schreiend, fluchend, dreinschie-
ßend, Alles umrennend, was den Strom der Flüchtigen aufhalten konnte.
Ueberall umher lagen Packerei, Geräthe, Sättel, Pferdegeschirr, Zelte ꝛc.

Beim ersten Lärm schon hatte sich der Kaiser zu Pferde gesetzt, in der
Hoffnung, die Ordnung wieder herzustellen, allein das Kreuzfeuer täuschte
ihn selbst: er kam von seinem Gefolge ab, verirrte sich und langte schließlich
in Begleitung eines einzigen Mannes in Karansebes an. Auch der Erzherzog
Franz war in dieser Nacht in ein arges Gedränge gerathen; schließlich rettete
er sich in ein Carré, bis die Ordnung wieder hergestellt war.

Die Folgen der „Mordnacht von Karansebes" waren für die Landes-
einwohner fast noch trauriger als für das Heer selbst. Die Flüchtlinge vom
Troß, durch nichts mehr aufgehalten, schritten zu Raub und Plünderung.
Karansebes und das von seinen Bewohnern verlassene Lugos wurden eine
Beute zügelloser Horden. Es kostete Mühe, das Heer wieder zu ordnen.

Die gesammte Macht lagerte jetzt in den sumpfigen Niederungen bei Lugos, wo giftige Seuchen eine weit größere Anzahl tapferer Krieger hinrafften,
als in einer großen Feldschlacht es die türkischen Säbel vermocht hätten.

Trotz aller dieser Mißerfolge waren am Schlusse des Jahres die Ergeb-
nisse des Feldzuges doch noch besser, als sich erwarten ließ. Der tapfere Prinz
Josias von Sachsen-Koburg hatte die Festung Choczim genommen, eben so
gelangten verschiedene andere kleine Festungen in den Besitz der Kaiserlichen;
dieselben hatten sich in Serbien festgesetzt und vermochten trotz aller Verluste
den nächsten Feldzug mit einer Streitmacht von 300,000 Mann zu beginnen.
Die Türken dagegen besaßen zu derselben Zeit keinen Fuß breit österreichischen
Landes mehr, sie hatten mindestens 120,000 Mann ihrer besten Truppen

verloren und 35 Millionen Gulden Kriegskosten dreingegeben, während die kaiserliche Armee immerhin nur 60,000 Mann eingebüßt, davon nur 12,000 Mann vor dem Feinde, die getödtet oder gefangen worden waren; der Rest war den Beschwerden des Lagerlebens oder Krankheiten erlegen.

So viel Verluste der Feldzug auch gebracht hatte, so war der wesentlichste Gewinn ohne Zweifel doch der, daß Josef's Humanität auch auf die bis dahin noch barbarischen Türken einen außerordentlich wohlthätigen Einfluß ausübte. Sie bewilligten alle seine Forderungen wegen Einstellung des Kopfabschneidens der Gefangenen und ihrer Auswechslung, gewöhnten sich überhaupt an eine mildere Kriegführung. Ihre Generale sprachen mit der größten Ehrfurcht von ihrem erhabenen Gegner und gaben dies bei jeder Gelegenheit zu erkennen. Selbst dem gemeinen Soldaten theilte sich diese Pietät mit, und man erzählt sich davon viele Anekdoten. Einst kamen während einer kurzen Waffenruhe plänkelnde Türken in die Nähe der österreichischen Vorposten, und einer von ihnen riß eine Stange heraus, die als Signal von den Oesterreichern gesetzt worden war. Als ihm aber ein feindlicher Soldat im Scherze zurief: „Laß sie stehen, der Kaiser hat sie setzen lassen!" brachte er sie wieder sorgfältig an ihren früheren Ort zurück.

Josef hatte gegen Ende des Jahres sich nur noch mit Mühe aufrecht gehalten. Die leibliche Schwäche überwältigend, bemühte er sich, den Kriegern ein heiteres Angesicht zu zeigen: allein die Krankheit wurde nur um so gefährlicher, während das bösartige Uebel seine Kräfte aufzehrte, weil ein tiefer Gram an seinem Herzen nagte. Noch erfocht er selbst an der Spitze seiner tapfern Schwadronen im Oktober einen Sieg über die türkische Vorhut, wodurch er den Verwüstungen Einhalt that; dann kehrte er in übelster Leibesverfassung im Dezember 1788 nach Wien zurück.

Er hoffte durch strenge Diät seine Kräfte wiederherzustellen, allein neue traurige Botschaften trafen ihn wie Blitzesschläge und erschütterten, wie seinen Geist, so auch seinen Körper. Die Ungarn, in letzter Zeit noch dazu gedrückt durch Rekrutirungen und Lieferungen für die Armee, forderten immer drohender ihre alten Rechte, die Krönung ihres Königs und Auslieferung der Reichskrone; in Tirol waren Aufruhrversuche vorgekommen, in allen südlichen Gebirgsländern regte sich der Geist der Widersetzlichkeit.

Die letzte schwache Hoffnung, denselben zu brechen, war nun dahin, die Möglichkeit nämlich, daß der Kaiser als sieggekrönter Held an der Spitze eines ihm ergebenen Heeres aus dem Kampfe heimkehren könnte und sich dadurch in den Stand gesetzt sähe, die Wohlthaten, welche er seinen Völkern spenden wollte, denselben gewissermaßen aufzuzwingen. Auch ein solcher Erfolg sollte ihm versagt bleiben. Dagegen steigerte sich die üble Stimmung des Volkes und man bezeichnete die Politik des Kaisers, welche ihn in den Türkenkrieg verwickelte, laut und offen als eine verfehlte.

Das Reiterstandbild Josef's II. auf dem Josefsplatze zu Wien.

12. Tod Josef's II.

Alltäglich thürmten sich neue schwere Sorgen empor. In seinen Gemächern der Hofburg arbeitete der unglückliche Monarch, der bei seinem schweren Tagewerk bereits vom letzten Reste seiner Kräfte zehrte, trotz seines leidenden Zustandes mit gewohntem Eifer fort.

Die ausgeschriebenen Kriegssteuern trugen ihr Uebriges dazu bei, die aufgeregten Herzen vollends zu erbittern. Die Wiener, sonst dem Kaiser mehr zugethan als die Bewohner der Provinz, drückten ihre Mißstimmung laut und unter empfindlichen Vorwürfen aus. Im Jahre 1789 versammelte sich ein Haufen Land- und Stadtvolk vor den Thoren der kaiserlichen Hofburg und bat um Nachlassung der Kriegsabgaben.

„Ich kann nicht!" antwortete der Kaiser mit trauriger Leutseligkeit. „Wir sind von allen Seiten bedrängt; wenn wir den Muth verlieren, müssen

wir zu Grunde gehen!" — „Wir sind schon ruinirt", wehklagten die armen
Leute. „O wie leid mir dies thut!" erwiederte Josef ergriffen, „aber Ihr
kennt nicht die dringende Noth, die anderswo vorhanden ist." — „Friede!
Friede! Friede!" schrie das Volk und verlief sich, den Monarchen in tiefster
Trauer zurücklassend. Die steigende Unzufriedenheit in der Hauptstadt bewirkte die stärksten Rückschläge in dem Herzen Josef's. Als Krankheit und
Unglücksfälle seine Kraft gebrochen, ließen die eigenen Zweifel am Gelingen
seines Werkes ihn an demselben irre werden. So viel Verkennung und Drang-
sal erschütterten den Geist des Monarchen und umwölkten seinen freien Blick.

Sein Muth sank dahin. Die Auflösung des Reiches, der Untergang
des Vaterlandes schien bevorzustehen — und er, der so gerne Hülfe schaffen wollte, er lag darnieder, schwer erkrankt. Im April 1789 überfielen
ihn mehrmals todähnliche Ohnmachten. Er erholte sich wieder, als die milde
Frühlingsluft über die grünen Fluren wehte; allein er nahm auch sogleich
gegen den Rath der Aerzte seine anstrengenden Arbeiten wieder auf. „Ich bin
nicht ein gewöhnlicher Beamter, daß ich mich schonen könnte", sagte er; „ich
bin Verwalter des Reiches, dem mein letzter Athemzug angehört." Unter diesen Verhältnissen gewann das Fieber, dem sich ein bösartiges Brustübel zuge-
sellt hatte, neue Kraft. Der bedauernswerthe Monarch begab sich nach Laxen-
burg, wo er in ländlicher Umgebung auf Besserung hoffte. Da schlich er nun
wankenden Schrittes dahin durch die Halle des väterlichen Schlosses, oder er
diktirte mit heiserer Stimme seine Entschließungen. Er mußte endlich Verzicht
darauf leisten, wieder an der Spitze seiner Regimenter ins Feld zu rücken;
nunmehr übertrug er definitiv dem alten, treuen Laudon den Oberbefehl.
Und es war, als sei damit der Bann gelöst, der bisher ihn und alle seine
Unternehmungen umstrickt hatte, als habe das Schicksal die letzten Tage des
hinsterbenden Kaisers mit dem Lorber des Sieges umrahmen wollen.

Das Jahr 1789 hatte vielversprechend begonnen. Am 2. Januar brachte
ein Kurier die Nachricht von der Erstürmung der Festung Oczakow durch die
Russen. Durch diesen Sieg waren dieselben Herren von ganz Bessarabien bis
auf Bender geworden und die Türken in große Bedrängniß gerathen. Auch
auf Seiten der Oesterreicher ward der Feldzug in wirksamerer Weise eröffnet.
Mittlerweile war der bisherige Sultan gestorben und Selim III. ihm nach-
gefolgt. Derselbe hatte furchtbare Rüstungen angeordnet. Nach dem Rück-
tritt des Feldmarschall Lascy und der Erkrankung von dessen Nachfolger, des
Grafen Haddik, befanden sich nun sämmtliche Truppencorps von der Licca
bis Mehadia unter der Leitung eines energischen, siegegewohnten Heerführers.
Während Prinz Koburg und Suwarow die Türken bei Foczan aufs Haupt
schlugen, Hohenlohe und Clerfait nach glücklichen Gefechten die Barbaren von
dem gewonnenen Boden der österreichischen Monarchie verdrängten, durchzog
Laudon, die türkische Macht in stürmischem Andrang vor sich hertreibend, das
Banat, bald nachher stand er auf feindlichem Gebiete. Unter den Mauern

der eroberten Festung Dubicza wurden die Türken aufs Haupt geschlagen,
flugs erschien hierauf der gefeierte Held vor Belgrad. Die Eroberung die=
ses wichtigen Platzes am 8. Oktober bildete das bedeutendste Ereigniß des Feld=
zuges. Belgrad, damals eine Festung ersten Ranges, galt für den Schlüs=
sel zur Türkei von der Donau her. Gerade vor fünfzig Jahren war dieser
1716 von Prinzen Eugen eroberte Platz wieder an die Ungläubigen ver=
loren gegangen. Friedrich der Große hatte einst, auf Laudon deutend, zu
Josef gesagt: „Mit diesem Manne werden Ew. Majestät dereinst noch die
sieben Thürme erschüttern.‟ Dies Wort war in Erfüllung gegangen.

Welches Ansehen Laudon bei den Türken genoß, geht aus einem Zu=
sammentreffen mit dem kaiserlichen Generalissimus Osman Pascha, dem bisheri=
gen Kommandanten von Belgrad, hervor. Als nach dem Falle der türkischen
Feste Laudon die gefangenen osmanischen Befehlshaber in seinem Lager be=
wirthen ließ, trat gegen Ende des Mahles der kaiserliche Feldherr in seiner
mit Ordenssternen übersäeten Feldmarschallsuniform, von einigen Generalen
begleitet, ins Zelt. Die Türken beugten sich voll Ehrfurcht. Nach einigen
höflichen Reden fragte unser Held den Pascha: „Aber wie konnten Sie bei
so großen Kriegsvorräthen Belgrad so rasch übergeben?‟ — „Verzeihe!‟
erwiederte Osman: „Dein Name war meinen Leuten zu schreckbar: Dein
Feuer zerschmetterte die Felsen, und die Kugeln Deiner Kanonen flogen den
Bewohnern auf der Straße nach. Ich mußte dem wüthenden Drängen und
der Verzweiflung Aller nachgeben.‟

Der Einnahme Belgrad's folgte die Besetzung von Semendria. Unter=
dessen hatten Suwarow und Prinz Josias von Sachsen=Koburg den Groß=
vezier bei Martinesty aufs Haupt geschlagen und drei Lager der Türken mit
so reicher Beute erobert, daß die frohlockenden Krieger ihre Säckel mit Dukaten
füllen konnten. — Die Türken, völlig zu Boden geworfen, verloren 100 Fah=
nen und 77 Feldstücke, während der glänzende Sieg den Verbündeten nicht
mehr als 800 Mann Todte und Verwundete gekostet hatte.

Die Nachrichten von den ersten, den Türken versetzten Hauptschlägen
bildeten den Inhalt willkommener Siegesbotschaften, Herolde des wieder=
kehrenden Glückes, als welche die schnell nach einander anlangenden Kuriere
erschienen. An diesem Freudentage richtete sich der gebrochene Körper des
kranken Kaisers noch einmal auf, und sein gebeugter Geist empfing die frohe
Kunde gleich einem Labsal, welches verjüngend wirkt. Wien überließ sich
einem Freudentaumel, die Studenten zogen unter Fackelbeleuchtung in die
Hofburg und dann vor Laudon's Haus, der Gemahlin des Türkenbesiegers
eine Serenade bringend. Blumauer, der bekannte Dichter der travestirten
Aeneide, dichtete ein Volkslied auf Belgrad's Fall nach dem Tone des franzö=
sischen „Marlborough s'en va-t-en guerre.‟ Ofen allein lieferte 1140 Eimer
Wein für die Belagerungstruppen.

Schon nach Eintreffen der ersten Siegesnachrichten hatte der kranke

Kaiser seine Residenz wieder in Wien aufgeschlagen. Dort erwartete ihn
lauter, erfrischender Volksjubel. Der Neffe Laudon's, General Klebeck, zog
gerade in die Hauptstadt ein; 24 Postillone, eine Siegeshymne blasend,
ritten ihm voraus; sie brachten die Botschaft von der Eroberung Belgrad's.

Am 16. Oktober ward ein Tedeum in den weiten Räumen der Stephans-
kirche gefeiert. Da erschien der Kaiser selbst mit dem Hofstaat im festlichen
Schmuck, begrüßt von den frohen Bürgern, umrauscht von Dankeschören
und dem Donner der Geschütze auf den Basteien. In der folgenden Nacht
strahlte die ganze Stadt von vielen tausend Lichtern, denn die Bürgerschaft
feierte das Doppelfest des Sieges und der Genesung des Kaisers.

Laudon ward verdientermaßen von seinem Kaiser in einer einzig da-
stehenden Weise geehrt, indem Josef dem Familienschatze seines Hauses
jenen großen, aus Brillanten bestehenden Stern des Maria-Theresienordens
im Werthe von 24,000 Dukaten entnahm, den gemäß den Statuten nur der
Ordensgroßmeister zu tragen berechtigt ist, und diese Auszeichnung Laudon
unter Beifügung eines überaus schmeichelhaften Handschreibens einsandte.
(Josef's Nachfolger, Leopold II., löste jene werthvolle Dekoration, welche
nur der Ordensgroßmeister oder der regierende Kaiser selbst tragen sollte,
nach Laudon's Tode von dessen Wittwe um 50,000 Gulden wieder ein.)

Das Siegesjahr schloß mit weiteren Erfolgen. Am 9. November ward
Kladowa von dem „deutschen Teufel", unter welchem Beinamen der kaiserliche Oberfeldherr bei den Türken allerwegen gekannt war, eingenommen
und die Beschießung von Neu-Orsowa begonnen. — Mit nicht minderem
Glücke hatten unterdessen die Russen unter Potemkin gefochten. Indessen
ungeachtet aller schweren Verluste beharrten die Türken bei ihrem Widerstand und verwarfen alle ihnen gemachten Friedensvorschläge.

Weniger die Stimmung des mittlerweile auf den Thron gelangten
Königs Friedrich Wilhelm II. von Preußen, als die Besorgniß erregen-
den Unruhen in den österreichischen Landen jenseit und diesseit der Leitha,
die sich bis in die Berge Tirols weiter verbreiteten, vornehmlich die üble
Aufnahme des letzten denkwürdigen Gesetzes der Josefinischen Aera, das
so wohlgemeinte Steuerpatent vom 10. Februar 1789, welches den neuen
Staatsbau des edlen Kaisers gewissermaßen krönen sollte, gegen das sich
aber das bethörte Volk bis zum offenen Widerstand aufreizen ließ, lenkte
die Aufmerksamkeit Josef's immer wieder vom Kriegsschauplatz ab und
zwangen den Kaiser schließlich, von der Weiterverfolgung der erlangten großen
Vortheile im Feldzug gegen die Pforte abzusehen.

Ach! es war nur trügerischer Schein, als man für einen Augenblick auf
Wiedergenesung des Monarchen hoffte. Bei jeglichem Wiederaufleben seiner
erlöschenden Kräfte erwachte auch in ihm der alte Schaffensdrang; er verdop-
pelte dann seine Thätigkeit, statt sich Ruhe zu gönnen. Oft erging er sich
an schönen Herbsttagen auf dem Balkon der Burg, dann waren indessen stets

6*

die Sekretäre gegenwärtig und lasen ihm Berichte und Depeschen vor. Das Volk aber versammelte sich auf der Bastei und beobachtete mit tiefer Theilnahme den Zustand seines kranken Herrschers. Im Dezember schwand die letzte Hoffnung; die Aerzte verschwiegen dem Kaiser nicht länger ihre Befürchtungen, als er die ernste Frage wegen Leben und Tod an sie richtete.

Josef lag auf dem Sterbebette, als sich der politische Himmel immer mehr mit düsteren Wolken umzog. In Frankreich tobte die Revolution, die Niederlande waren unterdessen verloren gegangen, der Türkenkrieg hatte die Staatskassen aufs Aeußerste erschöpft, Handel und Wandel gelähmt und alle Verhältnisse zerrüttet. Alles stürmte auf den todkranken Kaiser ein. Doch war es nicht die Krankheit, welche seinen Lebensfaden zu zerschneiden drohte, sondern der Alp drückender Vorwürfe, die ihn trafen.

In den Niederlanden hatten seine Widersacher gesiegt. Wie dort, so arbeiteten auch in den deutschen Erblanden des Kaisers schlimmste Feinde, die vertriebenen Jesuiten, beziehentlich die heimlichen Anhänger der Gesellschaft Jesu*), an der Zersetzung des Staatsbaues fort; in Ungarn regte sich immer ungescheuter der alte Trotz mit verstärkter Kraft. Den kaiserlichen Befehlen wegen Lieferungen und Rekruten wurde Widerstand entgegengesetzt, stürmische Beschwerden von allen Seiten bedrängten Josef's krankes Gemüth. Allerdings war ein Theil derselben nicht ungerecht, aber der unglückliche Kaiser

---

*) Wiewol die Gesellschaft Jesu vom Papste Clemens XIV. aufgehoben war, bestand dieselbe doch, und es wirkten ihre Mitglieder im Stillen fort. Von ihnen und ihren Partisanen hauptsächlich rührt der dem Kaiser gemachte Vorwurf her, er sei nur duldsam gegen die gewesen, welche zu seinen Ansichten sich bekannt. Sie weisen dabei auf Friedrich's II. wirkliche Duldsamkeit hin, der aus weisen Gründen die Jesuiten an der Spitze des Unterrichtswesens in der neugewonnenen Provinz Schlesien beließ. Wenn dagegen Josef fortwährend das gemeinschädliche Treiben der Gesellschaft Jesu im Auge behielt, darf man sich darüber wundern, angesichts der Worte des Breve, wodurch Papst Clemens XIV. den Orden aufhob?

In diesem Breve heißt es u. A.: „Es liegt auch am Tage, daß man bereits seit dem Ursprunge dieser Gesellschaft die Keime der Zwietracht und Eifersucht gähren sah, nicht allein unter ihren Mitgliedern selbst, sondern auch gegenüber den übrigen Orden, der Weltgeistlichkeit, den Akademien, den Universitäten, den öffentlichen Lehranstalten und sogar gegen die Fürsten der Staaten, in welche sie aufgenommen waren. So erhoben sich endlich gegen die Mitglieder der Gesellschaft schwere Klagen, welche den Frieden und die Ruhe der Christenheit nicht wenig trübten. Viele der von mehreren Fürsten unterstützten Klagen wurden gegen die Gesellschaft gerichtet und schon Paul VI., Pius V., Sixtus V. vorgetragen . . . .

„So genöthigt durch die Pflicht unsers Amtes, welches uns aufs Strengste auffordert, mit aller Kraft die Ruhe der Christenheit zu erhalten, zu einigen und zu befestigen, und Alles zu entfernen, was dem christlichen Staate bedrohlich werden kann; ersehend überdies, daß die besagte Gesellschaft Jesu eben so wenig genügende und heilsame Kräfte als die großen Vortheile gewähren kann, wegen welcher sie bestätigt und mit so vielen Privilegien versehen wurde, und daß selbst, wenn sie bestehen bleibt, es außerordentlich schwer, wo nicht rein unmöglich ist, der Kirche bleibenden Frieden zu schaffen: durch diese mächtigen Gründe und durch andere gedrängt, dabei folgend den Fußstapfen unserer Vorgänger, Alles reiflich erwägend, heben wir aus gewissem Wissen und apostolischer Macht hiermit besagte Gesellschaft auf, unterdrücken sie, löschen sie aus und schaffen sie ab."

suchte vergeblich nach Mitteln und Wegen, seine aufgeregten Völker zu be=
schwichtigen und sich selbst aus den drückenden Nöthen zu erretten. Als der
edle Monarch hörte, daß selbst die Bauern sich gegen ihn empörten, mit denen
er es so redlich gemeint hatte, da rief er aus in unendlichem Schmerze: „Ich
sterbe — o! — ich müßte ja von Holz sein, wenn ich nicht stürbe!"

Tiefer Jammer überkam ihn, als er sein Werk zerfallen sah. Er scheute
nun nicht länger mehr vor dem letzten Schritte zurück, war doch sein Leben
nur dem Staate, nur dem allgemeinen Besten geweiht gewesen. Er ergab
sich mit dem Muthe eines Dulders in die ihm auferlegte Nothwendigkeit und
trank den letzten Leidenskelch, den ihm das unerbittliche Schicksal reichte.

Von allen Seiten bestürmt, rathlos, krank, an seinem Werke verzwei=
felnd, entschloß er sich zur Zurücknahme der wichtigsten seiner neuen Einrich=
tungen, dessen, was man sein System nannte, — nur eines zu widerrufen
konnte der Edle sich nicht entschließen: das allgemeine Duldungsgesetz. —

Zu Anfang des Jahres 1790 drückte er in einer Proklamation der
Armee seinen Dank aus für ihre bewiesene Treue und Hingebung und für
ihre ruhmvollen Siege. Es war der Abschiedsgruß des sterbenden Kriegs=
herrn an seine Getreuen. Darauf ließ er an sämmtliche Gespanschaften des
Königreichs Ungarn die Verfügung ergehen, daß die öffentliche Verwaltung
in Staats= und Rechtsangelegenheiten in den vorigen Stand gesetzt, der Land=
tag und die königliche Krönung in kürzester Frist abgehalten und die Reichs=
krone nach Preßburg zurückgeführt werden solle. Dieselbe, nach Ofen gebracht,
ward dort als Gewähr der Freiheiten und Rechte des Landes vom Volke
mit Jubel in Empfang genommen. Durch eine andere Verordnung hob
Josef auch in Tirol alle Neuerungen auf.

Nun hatte er das letzte, das schwerste Opfer zur Beruhigung seiner
Völker gebracht: er bereitete sich jetzt vor zum Sterben.

Am 13. Februar empfing der Kaiser das Sakrament. Als die heilige
Handlung beendigt war, drückte er dem alten, treuen Laudon die welke Hand;
der greise Held, der im mörderischen Getümmel der Schlacht stets kalt und
besonnen sich gezeigt, konnte sich der Thränen nicht enthalten. Auch die
Erzherzogin Elisabeth, die Gemahlin des Erzherzogs Franz, die der Monarch
wie seine Tochter liebte, hatte sich zu ihm verfügt. Sie fiel in Ohnmacht, als
sie die zitternde Stimme ihres väterlichen Freundes hörte, und mußte weg=
gebracht werden. Sie starb wenige Tage nachher infolge ihrer Entbindung.
„Herr, dein Wille geschehe!" sagte der todtkranke Monarch bei der Nach=
richt von ihrem Tode. Er befahl hierauf, die Beisetzung zu beschleunigen, da
er bald selbst neben ihr ruhen werde.

Langsam umschloß der Tod die erkorene Beute, solches erkannte man an
der zunehmenden Schwäche des erlauchten Kranken. Doch bot er ihm mit star=
kem Willen Trotz und arbeitete noch mit seinen Sekretären am 19. Februar
bis Abends 10 Uhr. Dann legte er sich zu Bette, schlief jedoch sehr unruhig.

Früh um 5 Uhr war er wieder wach und betete. Kurze Zeit nachher verschied er (20. Februar). Der unglückliche Monarch hatte befohlen, daß auf seinen Sarg geschrieben werde: „Hier liegt ein Herrscher, dessen Absichten rein waren, der aber das Unglück hatte, alle seine Pläne scheitern zu sehen."

Wien glich, als die Kunde vom Tode dieses unvergeßlichen Menschenfreundes auf dem Thron sich verbreitete, einem einzigen Trauerhause. Doch es war mehr als Trauer, was in der Hauptstadt herrschte — es war Verzweiflung. Denn von allen Seiten drohte Unheil, hörte man neues Unglück. Dem greisen Feldmarschall Haddik brach bei der Nachricht vom Tode des geliebten Herrn das Herz, er starb nach wenigen Wochen. Unheimliche Gerüchte, die unzertrennlichen Gefährten des allgemeinen Vorgefühls bei herangehenden Gefahren, verbreiteten sich über den Tod des Kaisers. Das Volk schrie laut, man habe ihn vergiftet. Das Unglück war zu groß, daher schrieb man es noch lange Zeit nachher geheimen Ursachen zu. Und wie Jahrhunderte hindurch das Andenken an den großen Kaiser Friedrich Barbarossa im deutschen Volke nicht erloschen ist, und die Sage ihn als lebend in den Kyffhäuser oder nach dem Untersberg versetzt hatte, also wollte geraume Zeit nach dem Tode Josef's der österreichische Landmann nicht glauben, daß sein Kaiser dahingeschieden sei, sondern hoffte immer noch, er werde dereinst aus seiner Verborgenheit hervortreten, zum Heil und Segen Aller. Im Liede spricht sich dieser Glaube aus, die Hoffnung, daß der Edle einst wiederkehren werde, sein großes Werk wieder aufzunehmen und zu vollenden.

> Durch Oestreichs Völker geht die fromme Sage,
> Der Kaiser Josef sei noch nicht gegangen
> Zu seinen Vätern, sondern sei gefangen
> Bei schlechtem Türkenvolk noch heutzutage.
>
> Ein wächsern Bild nur liegt im Sarkophage,
> Der Kaiser lebt im ewigen Verlangen,
> Daß er zu seinem Volk nicht kann gelangen,
> Zu hören und zu schlichten seine Klage.
>
> Des Volkes Kinderblick durchdringt die Hüllen:
> Der Kaiser lebt in Geist und Freiheitswillen,
> Die schlechte Heiden jetzt in Banden halten.
>
> Des Volkes Glaube wird ihn einst beschwören,
> Die Fessel sprengt er dann, und kommt zu hören,
> Dann bebt, ihr Heiden! denn die Gläub'gen walten.

Mit Josef II. war ein Stern, der mit belebendem Glanze über der Menschenwelt gestrahlt hatte, erblichen; ein Herz, das so warm gefühlt für das Glück seiner Völker, hatte aufgehört zu schlagen; ein Geist war der Erde entrückt, der rastlos und unermüdlich thätig gewesen war für das Wohl des ihm von der Vorsehung anvertrauten Reiches.

Warum so frühe? . . . . Wir stehen an einer verschlossenen Pforte;

die öffnet keines Sterblichen Hand. Nur eine geheimnißvolle Stimme ruft uns zu: „Strebe vorwärts, dulde muthig, vertraue fest! Du lebest nicht für dich — der Welt gehörst du und dein besseres Streben an!" —

Den großen Schritt aus der Denkweise des sechzehnten Jahrhunderts in die des achtzehnten haben die Bewohner Oesterreichs erst unter Josef gemacht. Die furchtbare Raschheit der Bewegung mußte nothwendig dem damals lebenden Geschlechte Angst und Bangen erregen und den Staat in seinem Innersten erschüttern, aber Beides ist glücklich überstanden, und das heutige Oesterreich erntet die von Josef ausgestreute Saat.

Der finstere Geist, welcher bei Beginn von Josef's Regierung sich noch regte, war bei seinem Hingange erloschen. Geächtet waren Rad, Marter- und Folterwerkzeuge, Bann und Verfolgungen gegen Andersgläubige, Hexen, Protestanten und Juden, und sie getrauten sich kaum wieder hervorzutreten.

Mit Wehmuth ergreift uns der frühe Tod dieses Edlen, und doch preisen wir ihn glücklich, daß es ihm erspart blieb, die Erniedrigung des Vaterlandes zu erleben und zu sehen, wie seine geliebte Schwester das Blutgerüst besteigen mußte. Josef trat ab vom Schauplatz der Welt, als seine Bestimmung erfüllt war: ein neues blutiges Weltverhängniß klopfte an die Pforten des Jahrhunderts, Josef's Denken und Trachten war fürder unmöglich geworden. Das blutige Gericht, welches die Menschheit überkam, wollte die Vorsehung ihren Liebling nicht schauen lassen: sie rief ihn ab aus dem Reiche der Lebenden. Auch jene fürchterliche Zeit ging vorüber. Die Aufklärung, welche der erleuchtete Kaiser hatte fördern wollen, fand allenthalben eifrige Bekenner und Freunde. Sie ward gepredigt selbst durch Priester und begünstigt durch großartige wissenschaftliche Entdeckungen und Fortschritte. Ihre Grundsätze wurden zur Anwendung gebracht von Kriegsmännern, Staatsbeamten und Richtern, kurz von allen maßgebenden Seiten. Die geläuterte Religiosität, zu welcher Josef II. sich bekannte, das Beispiel der Tugend, welche er übte, sie wirkten fort mit heilsamer Gewalt als erhabene Grundsätze auf des Volkes Empfindungen und Gedanken. Ein Seher in die Zukunft, ein Säemann von tausend unentwickelten Keimen: so steht er an der Pforte der neuen Zeit, er, der sich glücklich gepriesen haben würde, nur über freie Männer zu gebieten!

Was der vielgeschmähte und verleumdete Fürst dem Volke war, das zeigte sich gar bald schon nach dem Regierungsantritte Leopold's. Dieser „Weise von Florenz", der Nebenbuhler Josef's als Gesetzgeber und Friedensregent, fand ein anderes, keines rechten Zutrauens fähiges Volk. Ueberall begegneten ihm unheilverkündende Geberden. Was hätte Leopold sein müssen, um Josef's Andenken zu verwischen! — Daher konnte auch sein wohlmeinendes zweijähriges Wirken die Kräfte des Staates um nichts vermehren. Franz II. aber stemmte sich noch entschiedener gegen die Verjüngung des Staates, und im Streite mit den Forderungen einer neuen Zeit gingen viele der besten Kräfte verloren.

Was Josef erstrebte: gleiches Recht für alle Unterthanen, gleiche Besteuerung, Wehrpflicht aller Staatsbürger, Duldung jedes Glaubens, kurz Aufklärung und Bildung, das Alles ist längst als gut, als nothwendig anerkannt, das Alles gilt heute als Grundlage für jeden Staat und jede Regierungsweise, welche die Wohlfahrt und das Glück ihrer Unterthanen bezweckt. Josefinische Bildung, josefinische Grundsätze durchdringen das ganze Volk. Alles, was Oesterreich ist und noch werden kann, ist es durch den hochherzigen Monarch geworden. Deswegen hat auch die Nachwelt dem großen Herzen des unvergeßlichen Kaisers volle Gerechtigkeit widerfahren lassen; die Bosheit, die den Edlen frühzeitig in die Gruft brachte, ist zu Boden geschlagen; der Unverstand, der ihm Trotz bot, längst verstummt.

Man errichtete dem größten Sprößlinge des alten Kaiserhauses im Jahre 1807 eine Reiterstatue in Wien. Der Kaiser ist dargestellt in römischer Imperatorentracht, das Haupt mit dem Lorberkranz gekrönt, die Rechte segnend erhoben. Die Inschriften auf ehernen Tafeln lauten

auf der Vorderseite:

Josepho II Aug.
Qui
Saluti Publicae Vixit
Non Diu Sed Totus.

auf der Rückseite:

Franciscus
Rom. Et Aust. Imp.
Ex Fratre Nepos
Alteri Parenti Posuit
MDCCCVII.

Es ist ein die Kaiserstadt zierendes Denkmal; der Menschenfreund auf dem Throne selbst bedurfte dessen nicht. Sein Monument steht im Pantheon der Geschichte: sein Wollen und Wirken, das er mit dem Tode besiegelte, bildet eine reiche Saat für alle Zeiten. Denn ewig wahr ist des Dichters Wort:

Alles, was aus Gott geboren,
Ist zur Werdelust erkoren,
Und kein Saatkorn geht verloren.

In der Kaisergruft.

Das Illustrirte goldene Kinderbuch.

Verlag von Otto Spamer in Leipzig.

Programm.

Durch die neue, vermittelst einer Anzahl fertiger Bändchen der „Kinderstube" begonnene Reihenfolge von Kinderschriften für das früheste Kindesalter soll eine längst fühlbar gewordene Lücke in der eben erwähnten Richtung von illustrirten Kinder=, Jugend= und Volksschriften ausgefüllt werden. Damit hat sich der so vielfach vermißte und gewünschte Führer zur Leitung und Entwicklung der im Kinde zuerst wach werdenden Verstandeskräfte eingestellt. Väter und Mütter, Lehrer und Erzieherinnen werden uns dafür Dank wissen, wenn wir ihnen nun auch eine Vorstufe bieten, von welcher aus der kindliche Geist zu weiterem Fortschreiten in der gedachten Weise angeregt werden kann.

In dem ersten der vorliegenden Bändchen der „Kinderstube" sind es einfache Geschichtchen und Gedichtchen, bestimmt, den kleinen Zuhörern erzählt oder vorgesagt zu werden, wodurch deren drängendes Verlangen nach Erzählungen Befriedigung findet. Alle hier gebotenen, durch reizende Bildchen von Künstlerhand verschönerten kleinen Erzählungen und Gedichtchen entsprechen der Fassungskraft unserer Kleinen im Alter von 2–5 Jahren. Ertönt der Ruf: „Vater, Mutter, Onkel oder Tante! — erzählt mehr Geschichten!" von Seiten der älteren vier= oder sechsjährigen Kinder, so setzt das folgende zweite Bändchen der „Kinderstube", dem erweiterten Verständniß für diesen oder jenen naheliegenden Gegenstand angemessen, durch hundert Geschichten die begonnene Erzählungs= und Belehrungsweise fort und liefert zugleich in einer Reihe kleinerer Verschen und kleinerer Gedichtchen passenden Stoff zum Versagen und beziehentlich zum Auswendiglernen für die empfänglicheren unter den kleinen Lauschern.

Im dritten Bändchen der „Kinderstube" führt der von uns eingeschlagene Gang zur selbstthätigen Verstandes=Entwicklung der kleinen Leutchen, zur Erlernung des Lesens. Unser „ABC=, Lese= und Denkbuch" giebt nach einer anerkannt zweckmäßigen und gleichzeitig anerkannten Methode, sowie unter Hinzutritt des von uns bereits vorher angebahnten Anschauungsunterrichts durch zahlreiche bildliche Darstellungen Anleitung, wie sich unsere Kinderwelt leicht über die schwierigeren Stufen des ersten Lernens hinwegbringen läßt. Von allen denkenden Müttern und Erziehern wird daher dieser Führer als willkommener Rathgeber gegenüber so mancherlei Verlegenheiten, welche die Anfangsgründe des Unterrichts bereiten, begrüßt werden. — In einem vierten Bändchen unter dem Titel „Heitere Ferientage" bespricht der Autor jene Stoffe, welche außerhalb der Thier= und Pflanzenwelt liegen und doch als tägliche Erscheinungen eine Erklärung erheischen, insoweit solche dem Verständniß des Kindesalters näher gebracht werden können. Dieses Bändchen bildet gewissermaßen die Ueberleitung zu einem fünften und sechsten: „Die kleinen Thierfreunde", herausgegeben von Dr. Karl Pilz, sowie „Die kleinen Pflanzenfreunde", von Hermann Wagner, welche beide mehrfach aufgelegt und den Schulkreisen sowie am Familientische wohlbekannt geworden sind.

Hat nun der kleine Leser sich mit den am meisten vorkommenden Dingen seiner Umgebung vertraut gemacht, so wird er eingeführt durch vier weitere Bändchen: „Deutsche Geschichten für die Kinderstube" in die Hallen der vaterländischen Geschichte, welch letztere auf Grund eines besonderen Planes, und auf einen zwei= bis dreijährigen Vortrag berechnet, zur Darstellung gelangt.

Aus der Welt der Wirklichkeit führen wir unsere jungen Freunde in das phantastische Gebiet der Fabel=, Märchen= und Sagenwelt und leiten diese weitere Reihe von Bändchen ein durch „Des Kindes schönsten Fabelschatz", welches ganz originelle Büchlein das elfte Bändchen dieser Serie bildet. Demselben schließt sich an: „Das Buch der schönsten Kinder= und Volksmärchen, Sagen und Schwänke" und dieser dem frühesten Jugendalter zugedachte Cyclus prachvoll illustrirter Kinderbücher wird abgeschlossen werden durch den „Kinder= und Jugendfreund", gewissermaßen ein Vorläufer zu Otto Spamer's Illustrirter Jugend= und Hausbibliothek und der zuletzt begonnenen Serie: „Welt der Jugend".

www.ingramcontent.com/pod-product-compliance
Lightning Source LLC
Chambersburg PA
CBHW030550270326
41927CB00008B/1590